A Door to the Future

未来への
トビラ
File No.003

補欠廃止論

セルジオ越後
Sergio Echigo

ポプラ選書

カバー装画　宮崎ひかり
カバーデザイン　bookwall

はじめに

日系ブラジル人としてブラジルで生まれ育った僕《ぼく》は、26歳《さい》のときに初めて日本に来た。最初は、現役《げんえき》のサッカー選手としてプレーをしていたが、その後は日本サッカー普及《ふきゅう》のために指導する役割を担《にな》うことになった。

すると、「補欠」という制度があって驚《おどろ》いた。なぜなら、ブラジルには補欠なんてないからだ。

補欠の子は、多くの場合、練習試合にも出させてもらえず、ボール拾いや雑用などをさせられる。それに加えて、試合当日は試合に出場する子を応援《おうえん》しなくてはならない。純粋《じゅんすい》な子どもたちの世界には、あまりにも惨《むご》い制度だ。

その経験から「日本サッカー界、いや日本の団体スポーツが強くならないのは、補欠制度のせいではないか」と思うようになった。そして僕は、何十年も前から「補欠は廃止《はいし》すべき」と訴《うった》えている。

共感してくれる方は多いのだが、なぜか僕と同じことを訴えている人はいない。その証拠《しょうこ》に、補欠廃止に関する本を探しても、なかなか見当たらない。おそらく、日本では「補欠制度」が当たり前の存在になりすぎていて、問題に気が付いていないのだ。

ここまで読んで、「補欠がいないと試合ができないじゃないか？　だから必要だ」と疑問に思った方もいるかもしれない。僕がいう補欠とは、試合に出る可能性が全くない、いわばベンチの外にいる人の事であり、いないと試合ができないのは、「控《ひか》え（リザーブ）」のことだ。

もしかすると、この本を手にとった方のなかには、子どもの頃《ころ》に補欠だった方もいるのではないだろうか？　とはいえ、今はたいていの団体スポーツでは補欠がいるのだから、当然といえば当然かもしれない。

2020年の東京オリンピックは、あと4年後に迫《せま》っている。国立競技場の建設問題やエンブレム問題で出鼻をくじかれたが、今後はオリンピックの影響《えいきょう》で、スポーツをする子どもや、それを応援する大人が増えてくるだろう。

とてもうれしい話だが、僕は「ちょっと待った」の一言をかけたい。「補欠では、スポーツを心の底から楽しむことはできないんだ」と。

僕は、あらゆる場所やメディアで補欠廃止について言及《げんきゅう》してきたが、まだ一冊の本としてまとめていなかったので、今回、この本を出版するに至った。

くわえて、普段《ふだん》は、サッカー解説者をやっているので、「サッカーの人」と思われていることが多いのだが、僕はサッカーだけではない。今はアイスホッケーのH.C.栃木《とちぎ》日光アイスバックスでシニアディレクターも務めているし、何よりスポーツそのものが大好きだ。そのためこの本では、サッカーをベースにはしているが他のスポーツも例に出している。

そして、僕なりの子育て論についても執筆《しっぴつ》した。これは、サッカー教室を通じて、のべ60万人の子どもと、その親と接してきた僕だから書けることだと思っている。

僕は、スターを生み出した親でも監督《かんとく》でもない。

世間には、一流の育て方やプロ選手の育成方法ばかりが注目されているが、その育て方は子ども全員に共通してできるものではない。子どもたち全員に、スター選手と同じ方法でストイックに指導しようとするから、多くの子どもたちがスポーツのことを嫌《きら》いになっていく。

プロのスポーツ選手になった子どもたちを見てきたが、それ以上にプロのスポーツ選手にならなかった子どもたちを見てきた。

子どもは純粋で、夢中になれば親の知らないところでどんどん成長する。大人より社会を見ていたりする。ぜひ、お子さんのいる方、子どもをほしいと思っている方にも読んでもらいたいと思う。

2016年5月
セルジオ越後

補欠廃止論／目次

第二章

日本の団体スポーツが世界で勝てない本当の理由

第三章

「部活動」と「スポーツ」は切り離さなければならない

第四章

子どもがスポーツをすることで成長するのは「親」

第五章 本当のプロスポーツ選手とは

第1章
なぜ僕は「補欠は差別」と考えるのか

Why do I think
“alternate is discrimination”

ブラジルに「補欠制度」はない

僕《ぼく》には、何十年も主張し続けてきたことがある。それは日本サッカー、いや団体スポーツを強くするためには、部活動などの子どもの教育現場から「補欠制度」を撤廃《てっぱい》しなくてはならない、ということだ。

未来のスポーツ選手を育てる環境《かんきょう》から補欠制度をなくすことで、日本のスポーツは強くなると確信している。

僕の生まれ育ったブラジルには、補欠が存在しない。日本人にこのことを伝えると、「補欠がいなければ、ブラジルではどうやって試合をしているのですか？」と驚《おどろ》かれる。だが、僕が言っているのはそういうことではない。おそらく多くの人が補欠という言葉を勘違《かんちが》いしている。

僕が指摘《してき》する「補欠」とは、ベンチにも入れない選手のことを指す。ベンチに入ることができるのは「控《ひか》え選手」であり、英語では「reserve（リザーブ）」と言い、これはもちろん試合を行ううえで必要だ。

例えば、100人部員のいる高校サッカーのチームだとすれば、そのうちの11人はスターティングメンバーとして試合に出場し、9人はベンチに入るリザーブ。そして残りのベンチにも入れない80人が補欠となる。

試しに、ブラジル出身の人に「あなたの母国に補欠制度はありますか?」と聞いてみてほしい。おそらく「ない」と答えるだろう。もしくは補欠制度の意味がわからないかもしれない。

「補欠」を和英辞書で調べると、「bench warmer」とある。しかし、ベンチを温めるということは、これは僕の指摘する「補欠」ではなく「reserve」と同じ意味を指す。ベンチ外で、試合にも出場できないような選手を指す言葉が、海外にはないのだ。

1972年に来日してすぐに、僕は補欠制度に気がついた。子どもたちにサッカーを教えていると、試合に出ないで、ボール拾いや水汲《みずく》み、グラウンドを囲って大声で応援《おうえん》している子どもらがいたからだ。

「どうして試合に出ないの？」と尋《たず》ねたら、「僕は補欠だからです」と答えた。ブラジルに補欠制度はなかったから、最初は意味がわからなかった。これは、サッカーに限ったことではなく、バスケットボールやバレーボールでも同じことが起きていた。

部活という教育の現場に、補欠が存在するのはとんでもないことだ。学校で「君はテストの点数が悪いから補欠です。テストの点数がよくならない限りは、授業は受けられませんが、毎日登校して仲間を応援してください」と言われたら、どう思うだろうか？　本人や親は烈火《れっか》のごとく怒《おこ》るだろう。

しかし、同じ教育目的の部活動には、補欠制度が存在する。これはおかしいと思わないのだろうか？

そういう意味で僕は、補欠制度は差別に値すると考える。

図１●「補欠」と「控え」の違い

補欠→ベンチに入れない選手のこと
控え→ベンチに入れる選手のこと

（例）高校サッカーの場合

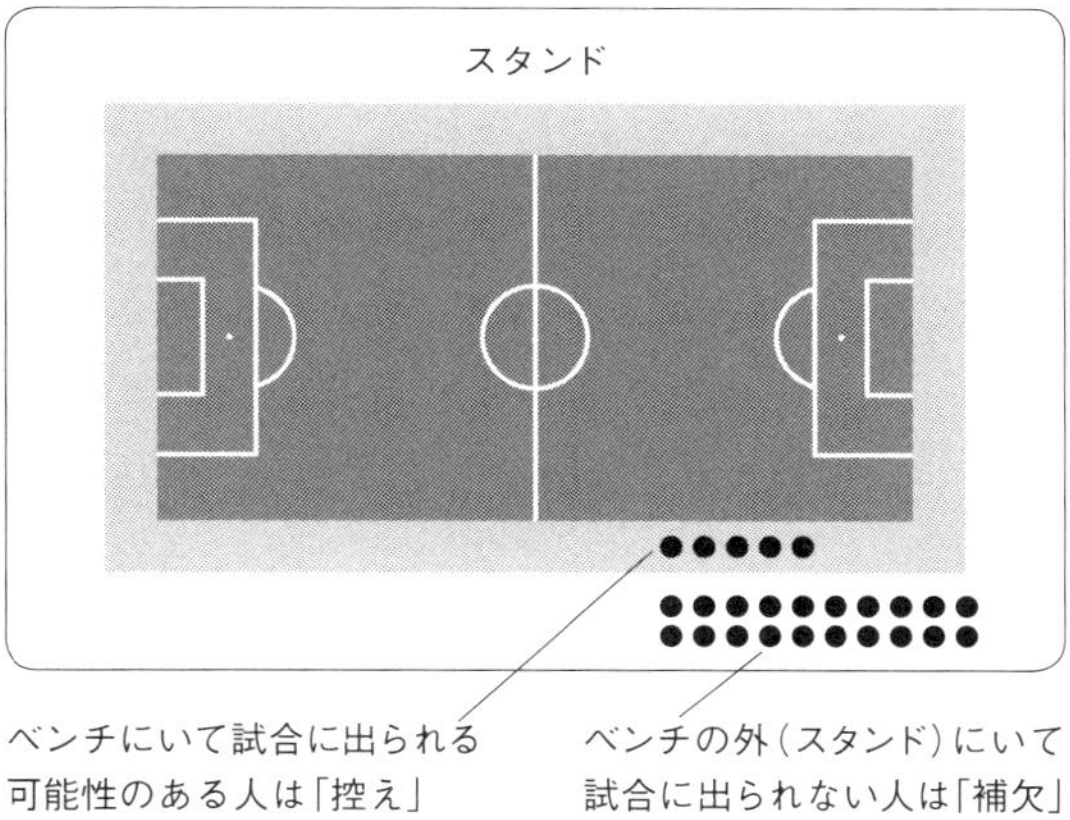
スタンド
ベンチにいて試合に出られる
可能性のある人は「控え」
ベンチの外（スタンド）にいて
試合に出られない人は「補欠」

補欠が増えてもサッカー人口は増えない

なぜ僕が、補欠廃止《はいし》を訴《うった》え続けているのか。それは責任を感じているからにほかならない。

Jリーグが立ち上げられる前から20年以上、日本でサッカーの普及《ふきゅう》活動をして、約60万人の子どもたちと接触《せっしょく》してきた。1993年にJリーグが誕生し、漫画《まんが》『キャプテン翼《つばさ》』の人気も後押《あとお》ししてくれて、サッカーは急にブームになった。

しかし実際には、日本サッカー協会に登録する補欠の子が増えただけであって、本当の意味でのサッカー人口は増えてはいない。なぜなら、試合に出場できる人数の枠《わく》が変わっていないからだ。

例えば、高校サッカー強豪校《きょうごうこう》であれば、部員数が100人を超《こ》えることはざらだ。その部員数を学校は誇《ほこ》らしげに自慢《じまん》しているが、高校サッカーは1校につき1枠しか出場できないので、部員の大半は試合に出られない。

図2●なぜサッカー人口は増えないのか

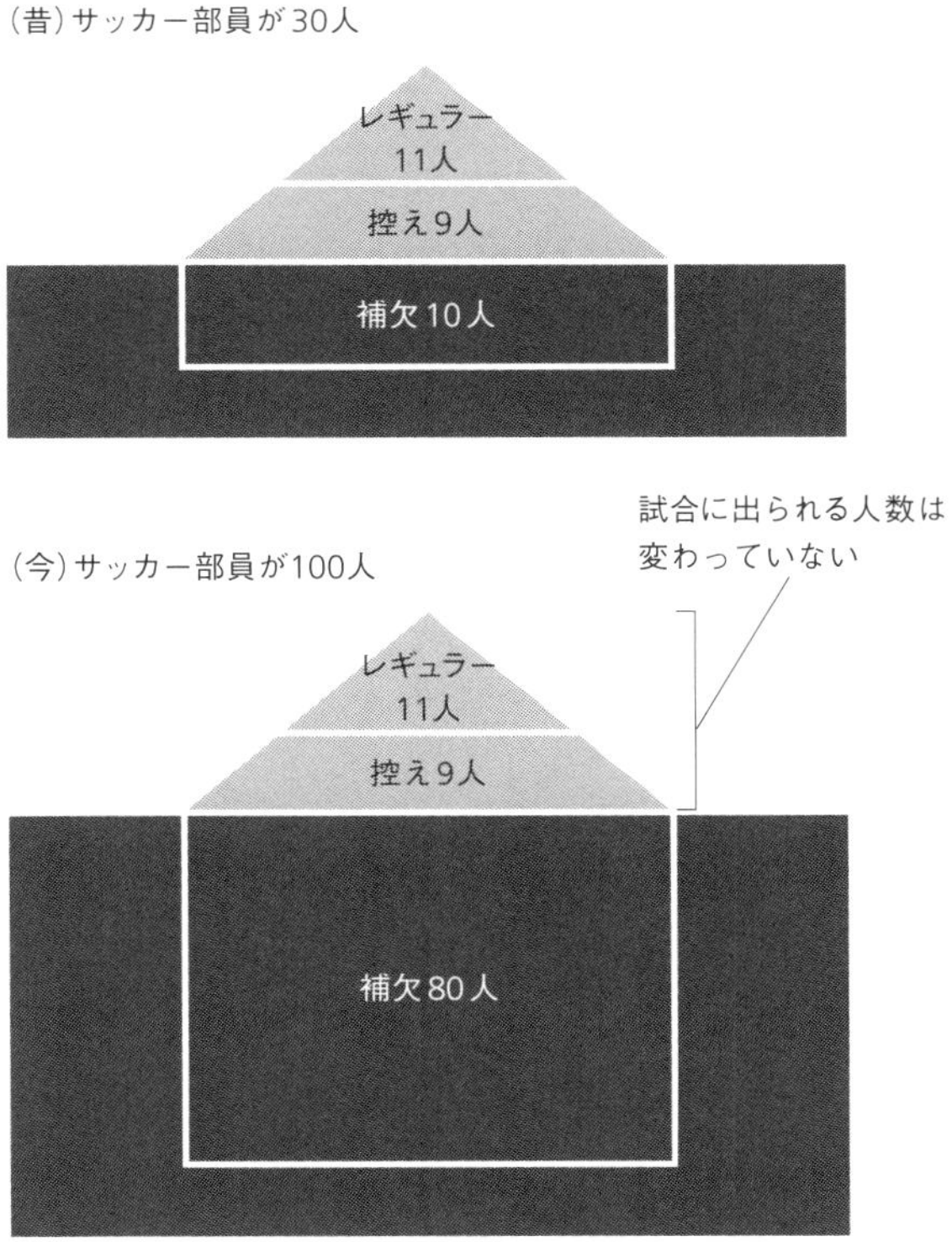

仮に、かつては30人の部員が在籍《ざいせき》していたとする。それが現在は100人になったとしても、全国高校サッカー選手権大会で選手登録できるのは20人のみ。先ほど説明した通り、残りの80人は補欠としてスタンドで応援することになる。昔は10人だった補欠の人数が8倍になっただけではないか。

試合に出られなければ試合勘《かん》は育たないし、うまくもならない。そんな補欠の子を含《ふく》めて「サッカー人口が増えた」と単純に喜んでいいのだろうか。これでは、日本サッカーの底上げには結びつかない。だから僕は、何とかしないといけないと思っている。

いまや学校では、1クラスに40人もいない少人数学級を謳《うた》っているのに、部活動では100人以上もいるのは矛盾《むじゅん》を感じる。どうして補欠をいっぱい抱《かか》えていることが自慢になるのだろうか。なぜ日本は、試合に出さない子どもを平気な顔で生み出すのか？

なぜ日本には「補欠制度」があるのか

日本に補欠制度が発生した背景は、いくつか考えられる。

1つは、登録制度の問題。サッカーの場合、日本サッカー協会が運営する大会に出場するためには、実際に試合に出場できるかどうか関係無しに、エントリーフィー（登録費）を支払《しはら》って、選手登録をしなくてはならない。そして、2つ以上のチームに所属できないといった、チームに拘束《こうそく》されるルールになっている。この登録制度によって、必然的に補欠が生まれてしまう。

僕は、「団体種目は個人の集まり」と考えるべきだと思っている。

個人種目の競技の体操で考えるとわかりやすい。個人でのプレーはもちろん、団体で競う団体総合というジャンルもある。団体総合は、個人の集まりではないだろうか。

なのに、サッカーのような団体種目のスポーツになった途端《とたん》、個人の集まりという考えが抜《ぬ》けてしまう。チームは会社ではないし、選手は社員でもない。あくまで個人が集まってプレーしているにすぎない。

選手登録の仕方も日本と海外では大きく異なる。海外では、大会ごとに行われ、参加費としてエントリーフィーを支払う。つまり、試合に出場する子だけが、試合のたびにお金を支払うということ。もちろん、2つ以上のチームに所属してはいけないという規則もない。これは、団体種目は個人の集まりという考えが、根底にあるからだろう。

もしゴルフにおいて、コース料金まで払《はら》ったのに、「今日はコースには出られないので、打ちっぱなしを使ってください」と言われたらどうするだろうか？「ふざけるな！」と怒るに違《ちが》いない。

あるいは、入試で受験料まで支払ったのに、「君は勉強ができないから受験できない」と言われたらどうするだろうか？「お金を返してくれ」と要求するのが普《ふ》通《つう》だし、「じゃあ受験できる学校に行かせてくれ！」と思うだろう。

にもかかわらず、子どもの世界では、これと同じような状況《じょうきょう》が起きている。試合に出られない補欠の子どもからもエントリーフィーというお金を徴収《ちょうしゅう》したうえで、「試合には1回も出られなかったけど、毎日練習に来て頑張《がんば》っていた。偉《えら》かったね」と言って褒《ほ》める。褒めるポイントを間違《まちが》えていないだろうか。

このように、現在の登録制度では、補欠の子どもたちからもお金を徴収している。お金を払っているのに、試合に出られない。そのうえ、応援ばかりさせられている。そんな補欠の子どもの気持ちになって考えたことがあるだろうか？　こんな環境では、サッカーを心の底から楽しめるわけがない。

補欠が生まれてしまう背景の2つ目は、スポーツを部活動という教育の現場で行っていることが挙げられる。

団体競技は、なぜか1つの学校からは1チームしか出場できないルールになっている。だからBチーム、Cチームなどが試合に出ることはなく、試合に出られない子どもたちは全員補欠となる。

海外では、スポーツは地域にあるクラブチームで行われる。学校は、あくまで勉強をするところなのだ。

例えば、アメリカにも部活動はあるが、日本のように誰《だれ》でも入部できるような開かれたものではない。トライアウトがあり、それに合格した優秀《ゆうしゅう》な生徒のみ加入できる。中国や韓国《かんこく》なども、部活動はあるがエリートのみで、国が総力をあげて支援《しえん》する。日本の部活動は、独特の文化なのだ。

誰でも入部できるのはありがたい制度でもあるが、1校から1チームしか出場できないとなると、あふれた子たちは補欠になってしまう。

海外では、もし選手の人数が多くなれば、エントリーするチーム数を増やす。だから補欠は生まれず、試合にたくさん出ることで、スポーツの技術がどんどん上達する。

日本でも、ベビーブームで子どもの数が増えたときは、学校を増設した。だからスポーツでも、補欠がいればチーム数を増やせばいいと思う。それだけでも補欠の

図3●日本に補欠制度がある3つの理由

1 登録制度の問題

多くの団体スポーツで登録制度があり、同じ選手が2つ以上のチームに所属できないようになっている

2 「スポーツ＝部活動」になっていること

誰でも入部できる代わりに、原則「1校＝1チーム」となっていること

3 スポーツに力を入れているのが「私立校」であること

私立校は生徒を多く入学させることが学校経営上メリットになるので、その分補欠も生まれやすくなる

問題は大きく改善するし、個人の能力ももっと上がりやすくなる。

補欠が生まれてしまう背景の３つ目は、スポーツに力を入れているのが、主に私立校だということ。

日本では、スポーツを学校単位で行っているのに、文部科学省は選手育成に力を入れていない。その代わり、スポーツ強化に励《はげ》んでいるのが私立の学校である。スポーツが強いと話題になれば、学校の宣伝につながるからだ。

公立校と違って、私立校はビジネスであり、生徒がいればいるほど儲《もう》けになる。そのため、できるだけ生徒を増やそうとし、その結果、補欠の子も増えてしまう。日本サッカー協会は文部科学省の下部組織だから、学校の制度に不満があっても、何も言えないのかもしれない。

補欠がないから個人種目は強い

一方で、個人種目には補欠制度が存在しない。なぜなら団体種目とは逆で、１校につき何人もの選手が大会に出場できるからだ。団体種目と個人種目。同じ部活動でも、種目によって出場のルールが異なるのもおかしなことではないか？　これについては、第3章で説明するとしよう。

　個人種目は、補欠制度がない分、試合に出やすいから上達しやすい。

　現に、夏季オリンピックの過去3大会で金メダルを獲《と》った種目は、陸上競技（2個）、柔道《じゅうどう》（13個）、水泳・競泳（5個）、レスリング（8個）、ボクシング（1個）、体操・体操競技（2個）。一方で、団体競技では２００８年の北京《ペキン》大会のソフトボールだけだ。

　オリンピックの結果を見てもわかるように、金メダルを獲った種目のほとんどが個人種目という現状がある。

　もちろん、団体種目もメダルを獲ったことはある。２００４年のアテネオリンピックでは、野球が銅メダル。２０１２年のロンドンオリンピックでは、女子サッカーが銀メダル、女子バレーボールは銅メダルを手にしている。ただし、競技人口の多い男子サッカーやバスケットボールはメダルを獲得《かくとく》していない。

これらより競技人口が少なく、かつ個人戦の柔道やレスリングでは、当たり前のようにメダルを獲得している。

「補欠」とは「貧しい」ということ

ここまで聞いて、「補欠で試合に出られないなら、出られるように努力すればいい」と思うかもしれない。

だが、考えてみてほしい。

例えば、もし入社試験で不採用になったら、雇《やと》ってくれる他の企業を探すだろう。まさか「入社できるように努力する」と、次年度の入社試験まで待つだろうか？

どうしてもその会社に入りたいのなら話は別だが、ほとんどの人はそんなことなどせずに、入社できる別の会社を探す。

希望の会社ではなかったかもしれないが、入社して実際に働くことで、ビジネスマナーが身につき、数字への意識など、ビジネス感覚が養われる。そこで結果を出せば、もしかしたら希望の会社からヘッドハンティングされるかもしれない。

それと同じで、そのチームで出場できないなら拘束せず、試合に出場できる他のチームへ行ったほうがいい。スポーツはどんな形であれ、試合に出続けたほうがうまくなるに決まっている。例えばサッカーならプロサッカー選手への道が開ける。

それに、今まで補欠だった子が試合に出場できるよう、そのチームで努力したとしても、今まで出られた子が補欠になるだけであって、出場枠の総数が増えないと根本的な解決にならない。

また、「補欠は忍耐力《にんたいりょく》が身につく」と唱える人もいる。そんなに耐《た》えることが美しくて大事ならば、学校や塾《じゅく》にも補欠を作ったらどうだろうか？　それは絶対に作らないはずだ。

理由は全く違うが、アフリカなどの発展途上国《とじょうこく》では、学校に行けない子どもたち、つまり「学校の補欠」が多くいる。そのため識字率も低くて、学力は先進国に追いついていない。

一方で、日本が戦後に成長できたのは、補欠がいなかったからではないだろうか。教育の機会が均等に与《あた》えられた。それだけでなく、企業《きぎょう》が競争しあっていたし、就職先もあった。だから日本経済は発展した。

つまり、補欠とは貧しいということ。補欠がいるうちは、その組織やチームは成長しないというシンボルになる。ましてや教育の現場で、補欠制度はあってはならない。

なかには「自分は補欠だったけど、立派に育った」と反論してくる人がいるが、そういう問題ではない。それは本末転倒《ほんまつてんとう》だと思う。

たしかに、あなたは立派に育ったかもしれないが、それと補欠制度がよい事かどうかは別問題だ。

ためしに、もし補欠で立派に育ったという人がいたら、

「補欠で楽しかったですか？」

「試合に出たほうがもっと楽しくなかったですか?」

「補欠だったほうが、(そのスポーツは)うまくなりましたか?」

これらの質問に、自分の胸に手を当てて考えてみてほしい。

日本の団体スポーツの底上げを望んでいるのなら、変化する勇気を持たないといけない。

僕の補欠廃止の訴えに共感してくれる人も多いが、立場があって物申すことができないそうだ。何も言えないなんて、それは民主主義ではない。僕は知識人でも文化人でもないから、思ったことは遠慮《えんりょ》なく言わせてもらう。

ブラジルには「見学」という概念はない

僕は日系2世として、日本人の両親の間に、ブラジルのサンパウロで生まれた。18歳《さい》のときに、東京オリンピックのブラジル代表候補に選ばれ、ブラジルの名門・コリンチャンスとプロ契約《けいやく》。そして、ブラジルで日系人初のプロサッカー選手として活動した。

その後、1972年に来日。当時、栃木県《とちぎ》が本拠地《ほんきょち》だった藤和《とうわ》不動産のサッカー部（現・湘南《しょうなん》ベルマーレ）の助っ人《すけと》選手として2年間プレーした後、永大産業で2年間コーチ業を務めた。「日本でサッカーを普及させてほしい」とお願いされ、以降、日本サッカー界の底上げを目標に活動してきた。

僕は、日本サッカーのレベルを向上させるには、子どもの頃《ころ》からの教育、特にスポーツへの考え方・接し方を改めなくてはならないと感じた。そこで1978年から日本サッカー協会公認の「さわやかサッカー教室」を始め、全国各地で1000回以上開催《かいさい》し、のべ60万人の子どもたちと接してきた。

そのときに、よく親や子どもたちに「見学してもいいですか？」と聞かれた。僕は補欠の意味もわからなければ、見学の意味もわからなかった。なぜなら、ブラジルには「見学」という概念《がいねん》がなかったからだ。

「見学って……見てどうするの？」

図4●なぜ「補欠＝貧しい」のか

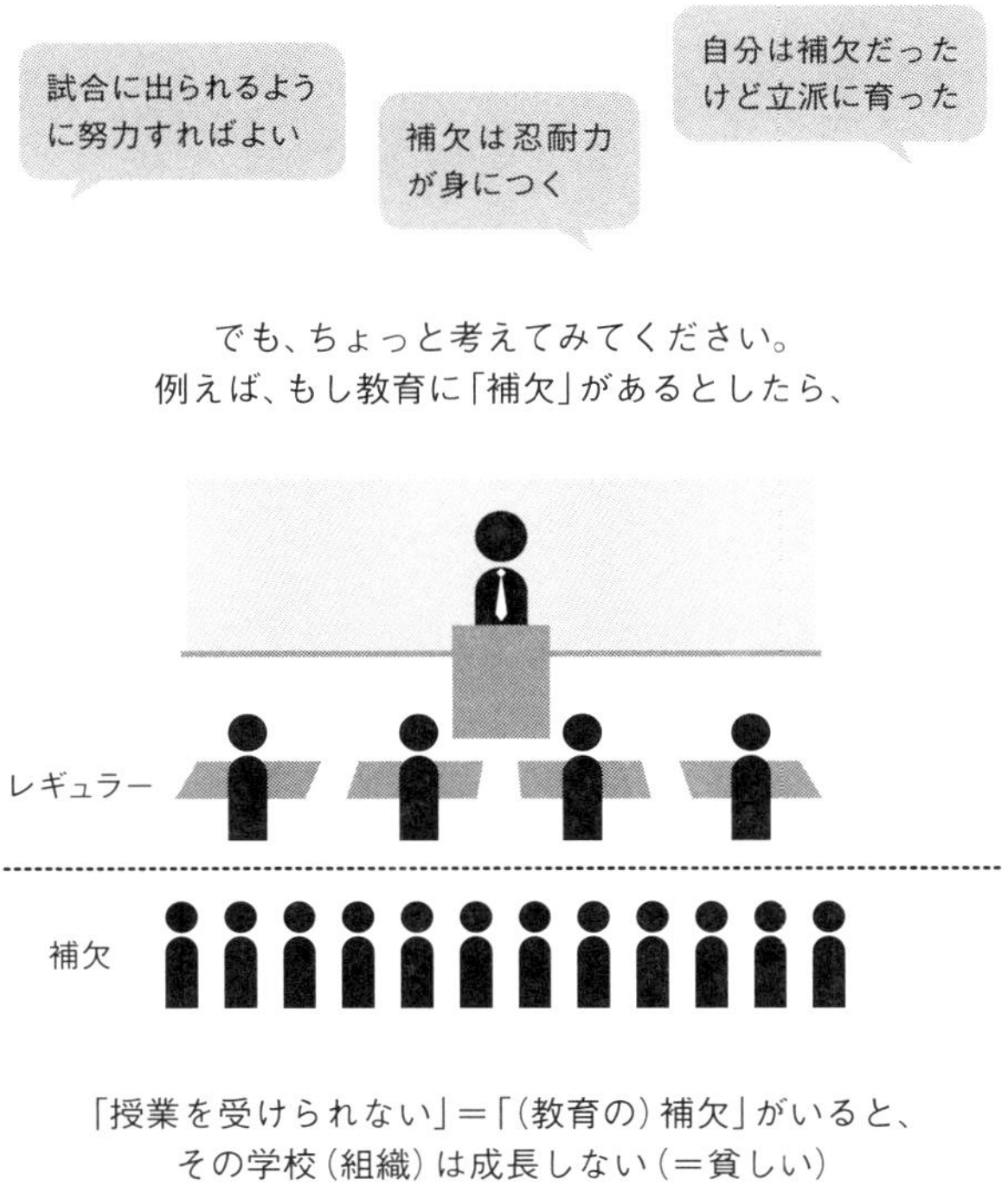
試合に出られるように努力すればよい
補欠は忍耐力が身につく
自分は補欠だったけど立派に育った
でも、ちょっと考えてみてください。
例えば、もし教育に「補欠」があるとしたら、
レギュラー
補欠
「授業を受けられない」＝「（教育の）補欠」がいると、
その学校（組織）は成長しない（＝貧しい）

しかも子どもたちはサッカーのユニフォームを着て、ボールまで持ってきて、見学しようとしている。そんな子どもたちに、「見ているだけではうまくならないよ。みんなと一緒《いっしょ》にやろうよ」と声をかける。すると、「え、いいの？　僕は補欠で下手なんだ」って、とても驚いた表情を見せて言う。

日本には、スポーツをみんなで一緒にやる、エンジョイするという習慣がないことを実感した。うまくない自分は輪には入れないものだと勝手に思い込《こ》んでいる。でもグラウンド内はみな平等で、全員がスポーツを楽しむ権利がある。だから「見学というのは、入場料を払ってスタンドで見ることだよ」と教えてあげるようにしている。

「スポーツ＝エンジョイ」であってもよい

みんなに平等にチャンスを与えれば、大人になってもスポーツに対して、いい思い出があるはずだ。

現在、20~30代の若者のスポーツ離《ばな》れという問題が起きている。仕事で忙《いそが》しかったり、経済的な余裕《よゆう》がなかったり、またゲームやインターネットの電子機器の発展が、スポーツをやらなくなった原因ともいわれている。

だけど、僕の見方は違《ちが》う。スポーツに興味を持って始めたにもかかわらず、補欠になってしまい、「スポーツを楽しむ」という経験を味わえていないからだと推測する。スポーツは楽しければ、何歳になっても続けるものだ。それに、日本では観戦文化が弱いように感じる。だって飲み会には5000円を躊躇《ちゅうちょ》なく払うのに、スポーツ観戦には3000円も払わないでしょ。

スポーツをやるからには、勝利至上主義で、プロを育成するかのようにストイックさを求める指導者や親も多い。過剰《かじょう》になって体罰《たいばつ》、もはや暴力を振《ふ》るう大人たちも少なくない。ある高校では、バスケ部のキャプテンであった男子生徒を執拗《しつよう》にビンタしたことにより、生徒を自殺に追い込んでしまうという悲惨《ひさん》な事件まで起きてしまった。悲しいが、これは氷山の一角だと思う。

そんな怖《こわ》い指導者たちの顔色をうかがいながら、ミスを犯《おか》さないようにビクビクとプレーしている子どもたちは多い。「失敗は許されない」と頭に刷り込まれている。

だけど、スポーツだって、本を読んだり、音楽を聴《き》いたりするように、「エンジョイ」を求めてもいいのだ。日本には、この部分が欠けている。むしろスポーツ本来の力は、遊びの中にある。「スポーツ」＝「体育や部活動」でも「習い事」でもない。

サッカー王国のブラジルは、子どもの頃から、路上で球遊びをし、毎日ボールに触《ふ》れることで、自然とスキルを身につけてステップアップしてきた。僕も、10歳頃からゴムのボールを蹴《け》って遊んでいた。同級生の友だちだけでなく、異なる年齢の子が交ざって、さらにその輪の中に大人も入ってプレーしたものだ。

ボールと遊ぶこと、楽しく続けることが、サッカーを上手になるための第一条件なのだ。

練習だけをしていても意味がない

当たり前だが、練習と試合は全然違う。ゴルフに置き換《か》えるとわかりやすい。打ちっぱなしとコースに出るのは、種目が異なるぐらい別ものだ。コースに出れば、天候などによって難易度は変わり、同じライから打つことは二度とない。どんなに打ちっぱなしで練習していても、コースに出れば、状況判断力なども求められる。打ちっぱなしばかりをしていても、決してゴルフは上手にならない。

現に、日本の子どもたちのサッカーのプレーを見ていると、シュートやリフティングなど、1人で練習する時間が長いため、いざ試合になると、接触プレーに対応できない。これは、子どもにケガをさせないように育ててきた親の考え方も影響《えいきょう》しているはずだ。

スポーツに限らず、何でもそうであって、将棋《しょうぎ》や囲碁《いご》などのゲームもガイドブックを読んで学ぶだけでは、本来の楽しみは味わえない。やはり対戦相手がいて、実際にやってみるからおもしろいし、意味がある。

思えば、オリンピックで数多くの金メダルを獲っているレスリングや柔道は、基本2人1組の実戦形式で練習している。サッカーのように1人でシュート練習をしたり、リフティングの練習をしたり、ドリブルの練習をしたり、とは訳が違う。本番さながらの練習ならともかく、そうでないなら、練習だけをしていても強くならないし、そもそも本番がないのなら、練習する意味がない。

試合に出場してこそ成長する

極端《きょくたん》な言い方をすれば、サッカーの技術や戦術といった練習はプロになってから、またはそのレベルに到達《とうたつ》してからでいいと思っている。「インサイドでどう蹴る」とか、理屈《りくつ》で教えるからつまらなくなるし、子どもたちの個性が消えてしまう。

子どものうちは試合に出場し、ボールに触れることが最優先。サッカーを楽しみ、のめり込めばのめり込むほど成長する。例えばテレビゲーム。親が「もう止《や》めなさい！」と何度注意しても、寝《ね》る間も惜《お》しんで遊んでいるでしょ。だからゲームがうまくなる。

それと同じで、楽しければ、親が止めたって夢中でサッカーをやる。親が無理やりさせなくても、楽しければ「もっとやりたい」「もっと上手になりたい」と思うようになり、自発的に努力する。そして試合に出れば、今までとは違った景色が見え、新しい発見や気づきを得る。子どもたちはスポーツを通じて、自然と成長していく。

僕は、サッカーがうまくなるためにはイマジネーションも必要だと思っている。対戦相手だって研究してくるから、型にはまったプレーを続けていたら、勝てなくなる。そのイマジネーションセンスを育むのは、なんといっても遊び心。遊びの中からアイデアが生まれる。ストイックで辛《つら》い練習だけでは、心身ともに疲弊《ひへい》していくだけだ。

「遊び心」と書くと、どうも日本人は「不真面目にやる」「勝負にこだわらなくていい」という意味だと勘違いするけど、そうじゃない。真剣《しんけん》に楽しむと頭も使うし、かなりのエネルギーを使う。それはそれで大変なことだ。そもそも勝たないと楽しくないから、勝負にはこだわる。

おそらく、今の親世代も遊ばずに育ってきてしまったのだろう。だから、親に遊び心が足りていない。無理して、『巨人の星』の父・一徹《いってつ》のようにならなくていい。

1人のスターの裏には、スターになれなかった大勢の子どもたちがいるが、その子たちの人生に深い闇《やみ》を残す権利は誰にもない。親や指導者は「まずは遊びから」と心得ておくことだね。

スターを育てることを目標にするのが、一番よくない。

だからうまくなるためには、試合に出られない補欠の悔《くや》しさではなくて、試合に出場し、サッカーを楽しんだうえで、失点の悔しさとか、うまくプレーできなかった悔しさを味わうのが大事。それが、サッカーを上達させる原動力となる。

「忍耐力のある子」と褒めるから、競争心のない子が育つ

補欠の子どもたちに対して「試合に出られなくても、毎日練習に来て、仲間を思いやって偉いね」と、褒める大人がいるけれども、その子に聞いてごらん。「試合に出たい？」って。きっと、「出たい」と言うだろう。

もし「出たくない」と言うのであれば、その子の才能は他のスポーツや芸術にある。どちらにしても、早く違うことをやらせてあげるべきだ。

我慢《がまん》している子どもが、「仲間を思いやっている」と褒められたら、自分の意見を言わないのがいいことだと思い込んでしまう。

最初は本当に仲間を思いやっていても、その状態がずっと続けば、徐々《じょじょ》にやる気がなくなってきてしまう。だから競争心のない、こなし上手な子に育つ。

補欠の子は、どことなくあまり自己主張せず、「自分が下手だから試合に出られないんだ」と、萎縮《いしゅく》していることが多いように思う。大人に怒られないのを目標に

している。これは縦社会による日本の貧しさだと思う。

日本では、監督《かんとく》に「なぜ俺《おれ》を出さないんだ!」なんて言う選手がほとんどいないでしょ。どちらかというと、監督に好かれようとする。海外では、納得いかなければ監督にだって食ってかかる。

サッカーにはイマジネーションも必要。言われたことをこなすだけじゃ、上手にならない。大人は教育のつもりで、補欠で耐えていることを褒めているのかもしれないが、それが結果的に子どもの可能性をつぶすことになる。

補欠とは、大人の世界で考えれば、その会社に所属しても仕事をしなくていい社員を育てるようなもの。入社したからには、きっちり働いてもらいたいでしょ?「俺は補欠なので、仕事はなくて他の社員を応援しています」なんて同僚に言われたらどうだろうか。きっと「働け!」と怒るよ。

サッカーはルール上、補欠を生みやすい

僕がかかわっているサッカーは補欠を生みやすいスポーツだ。例えば、全国高校サッカー選手権大会では各試合20名まで登録でき、４名まで交代が可能。つまりリザーブのうち５人は出場できない。もちろんリザーブは、そのときの試合運びによって異なってくるので、これは仕方がない。

ただ１００人ほどいる部活動で、１試合で20人しか選手登録ができないのであれば、補欠であふれてしまうのは当然だ。交代枠が限られているので、ベンチに入ることができても、実質的に補欠になってしまう選手が数名いる。

Ｊリーグですら、補欠がいる。国内リーグのＪ１・Ｊ２では各試合に18名の選手登録ができる。そのうちの11人がスターティングメンバーで、残り７人がベンチ入り。交代は３人まで可能で、残りの４人はベンチにいても試合に出られない。Ｊリーグのチームでは、だいたい30人ほどの選手で編成されているので、試合に出場できなかったリザーブの選手とベンチ外の選手をあわせると、約16人は試合に出られないことになる。

実は、僕は２００６年からH．C．栃木日光アイスバックスのシニアディレクターを務めている。日光に住み、試合会場には必ず駆《か》けつけ、選手たちのいるベンチに立っている。

「サッカーじゃなくてアイスホッケー？」と驚かれるが、なぜ僕がアイスホッケーに携《たずさ》わることになったのか。それについては後（第５章）で話すとしよう。

アイスホッケーだと、交代枠は限定されていないので、何回でも交代できる。アイスホッケーは時速30～40キロメートルで氷の上を走るので、30～50秒ほど滑っただけで、選手はヘトヘトになってしまう。なので、頻繁《ひんぱん》に交代が行われるし、サッカーでは起こりえないような、間違って規定の６人より多い選手が同時にリンクに立ってしまったら反則というルールもある。

ちなみに、１チーム22人まで、ベンチ入りした選手は全員リンクに上がり、試合に出場できる。２０１５年のH．C．栃木日光アイスバックスの所属選手は、ベンチ入りの定員とぴったり同じの22人。ケガや病気などの選手がいれば、試合をするのに人数が足りなくなるほどだ。他チームも、25人ほどの選手しか所属していない。補欠となる選手はサッカーほど多くない。

やはり、ルールのせいか、サッカーには「補欠ありき」の考えが浸透《しんとう》しているように感じる。

「部活動」か「クラブチーム」の二者択一はおかしい

サッカーの場合、2つ以上のチームでプレーすることが許されていない。だからプレーするとなると、「部活動」か「クラブチーム」のどちらかを選ばなければならない。残念ながら、両方とはいかないのだ。

だから、年末からお正月にかけて開催される全国高校サッカー選手権大会では、Jリーグの下部組織に所属する選手は、ピッチに立つことはできず、テレビで観戦することになる。

僕は、部活動もクラブチームも両方所属できるようになればいいと思っている。

だって、勉強で「学校」か「塾」のどちらかしか入れないとしたら困るでしょ？部活動もやって、もっと上手になりたい子はクラブチームでもプレーする。またその逆もしかり。そうすれば、もっとサッカーがうまい子が育つのではないか。

そもそも、Jリーガーは日本代表と兼任《けんにん》するし、部活動やクラブチームも県選《せん》抜《ばつ》との兼任ならできる。国や県のためなら兼任はいいけども、子どもの成長のために所属チームの兼任ができないなんておかしい。

ブラジルには、部活動はない。学校はあくまで勉強するところなので、地域のクラブチームのみ。そしてそのクラブ間は行き来が自由で、試合に出られなくなった子は新しいチームを探してプレーする。試合に出られないチームに決して2〜3年も在籍しない。

上手な子も同じで、サッカーがうまいと評判になれば、強いチームから声がかかってヘッドハンティングされていく。声がかかると、交通費が支給されたり、お小《こ》遣《づか》いがもらえたりするようになる。そして、自分のレベルにあったチームで常に試合をするから、上達も早くなる。

部活動とクラブチームの分裂《ぶんれつ》による代償《だいしょう》として、近年では全国高校サッカー選手権大会から大物ルーキーが誕生しなくなってしまったように感じる。

部活動組とクラブチーム組が戦う高円宮杯《たかまどのみやはい》全日本ユースが導入されたが、かつての中田英寿《ひでとし》のように、マスコミをにぎわせる存在はいるだろうか。もちろんサッカー好きのなかでは話題になる人はいるが、サッカーに興味のない人にまで知られているだろうか？　残念ながら、野球ほど多くはない。

野球は、硬式《こうしき》と軟式《なんしき》に分かれていて、硬式はクラブチームがなく部活動のみ。高野連が一括《いっかつ》で管理している。

2015年だと早稲田《わせだ》実業の清宮幸太郎《きよみやこうたろう》くんが注目を集めた。まだ高校1年生だというのに、彼は連日ニュースに取り上げられていたし、野球に詳《くわ》しくない人でも、彼の存在は知っていたよ。今から卒業後が楽しみな存在だ。

他にも、北海道日本ハムファイターズの大谷翔平《おおたにしょうへい》など、高校卒業後プロ入団1

年目から活躍するエース級も、サッカーより野球のほうが輩出《はいしゅつ》している。

補欠を廃止するには登録制度を変えよ

そもそも、なぜ補欠が生まれるのか。その背景を改めて説明すると、登録制度に原因がある。サッカーの場合、日本サッカー協会の公式大会に出場するには、協会に選手登録をしなくてはならない。そのときに選手は、エントリーフィー（登録費）を日本サッカー協会に払うのだが、2つ以上のチームに所属することは許されていない。その結果、試合に出場できないにもかかわらずチームに拘束されてしまうため、補欠が生まれてしまう。

日本サッカー界は、Jリーグというプロができたにもかかわらず、それでもなお補欠の子どもたちからエントリーフィーというお金を搾取《さくしゅ》して、スタンドで応援させている。日本サッカー協会からは、「協力金だと思えばいいじゃない」と言われたが、バカらしくてしょうがない。

もちろん、財源は必要だ。大会を運営するためには、会場代などお金がかかる。だから選手は、チームに所属した時点でエントリーフィーを徴収するのではなくて、海外のように大会ごとに徴収すればいい。つまり、試合に出場する子から何度も徴収するということ。参加費を支払えばエントリーできるようにして、試合に出ない補欠の子どもからは登録費を搾取しないこと。そうすれば、フェアになる。もっと財源を増やしたいなら、1団体から2チーム以上出場できるようにしたうえで、同じように徴収すればいい。

せめて義務教育の中学生までは補欠をゼロにし、もし予算が足りないのであればプロリーグが穴埋《あなう》めしましょうよ。試合にも出られず、無料でサッカーも楽しめない子どもたちがいなくなるようにしましょうよ。

僕はずっとこの方法を提案してきた。なのに、一向に改善されない。それはなぜなのか？　時間的要因なのか、人員的要因なのか。そこの問題を明確にして解決すべきだと思う。

「チーム数が増えすぎたら、運営できないじゃないか」という意見を聞くが、日本はそこまでスポーツができない国なのか。僕はそうは思わない。少子化で子どもが減ってきて、学校だって統廃合《とうはいごう》しているのに、こんな状態で2020年の東京オリンピックを迎《むか》えられるのか。

日本のスポーツ環境は、世界基準と大きくかけ離れている

2020年のオリンピックは東京で開催されることになり、日本はスポーツに力を入れているようにみえる。だからより矛盾《むじゅん》を感じる。決して「スポーツ=体育や部活動」ではないし、「習い事」でもない。スポーツとは、人と人が出会う触《ふ》れあいの場であって、エンジョイするものである。

そしてプロスポーツとは、企業の金儲けのために存在するのではない。本来は地域貢献《こうけん》をし、そのエリアに住む人々をより豊かにするものなのだ。日本はスポーツの知識が乏《とぼ》しく、あまりにも遅れている国。日本のスポーツ環境は、世界基準と大

きくかけ離《はな》れていることを自覚しなくてはならない。

「オリンピックなどの国際大会でメダルを獲りたい」「もっと成績を上げたい」というのであれば、勝っている強い国の真似をするべきではないか。世界中に補欠制度があると思い込んでいる日本人は、ちゃんと勉強しているのだろうか？

補欠制度に疑問を持たず、良し悪《あ》しについて分析をしないうちは、日本の団体スポーツが世界を相手に活躍し続けるのは難しい。やはり日本でスポーツが普及し、団体競技の底上げを望むなら、補欠制度は撤廃し、誰でも試合や大会に出られる環境を作るべきだ。

第2章

日本の団体スポーツが世界で勝てない本当の理由

The real reason
why group sports in Japan
can not win in the world

日本の団体スポーツが勝てない3つの理由

日本の団体スポーツが強くならない理由の根底には、未来のスポーツ選手となる子どもの環境《かんきょう》に補欠制度があるからだと考える。しかし、それ以外にも勝てない要因はあるように感じる。

① 年功序列による縦社会
② アイドルのようにスポーツ選手を扱《あつか》うマスコミ
③ 日本特有の部活動文化

これらも団体スポーツが強くならない原因だろう。①と②は第2章で、③は第3章で説明する。

実力社会の海外、順番待ちの日本

終身雇用《こよう》の制度がなくなりつつあり、年功序列の考えもだいぶ崩《くず》れてきた。高校サッカーも1年生エースが誕生することもある。それでも日本には順番待ちの文化がまだ残っていると思う。だって1年生がキャプテンになることはないでしょ？日本は年功序列による縦社会。年上の人にゴマをすり、指示されたら「はい」と答え、席が空くのを我慢《がまん》して待つ。だから競争がない。

1年生のときは黙《だま》ってボール拾いに、水汲《みずく》み。先輩《せんぱい》の付き人のようにお世話をする。もし先輩に意見を言う後輩《こうはい》がいたら生意気扱いされるので、自分が先輩になるのをじっと待っている。

プロに入団しても、その考えが抜《ぬ》けていない選手もいる。高校サッカーで活躍《かつやく》し、大物ルーキーとマスコミを騒《さわ》がせ、Jリーグに入団したとある選手は、「今は試合に出られないけど、そのうち出られるだろう」と軽く考えていたそうだ。学校時代と同じように、順番が回ってくると思い込《こ》み、居残り練習もせず、全体練習が終わればさっと帰宅していた。

その選手はのんきに思っているうちに、戦力外通告となってしまった。その後、チームを転々としたが、結局20代で現役を引退してしまった。学校も会社も順番待ちの日本で、プロスポーツだけは実力社会だということに、当時は気がつかなかったのだろう。

一方で、ブラジルやアメリカは移民が集まっている国。宗教も違《ちが》えば、人種も違う。だから縦社会が作れなくて、学生時代から実力社会となる。

年上だからと、その理由だけで日本の部活動のように上下関係を強要するのは難しい。

実際に日本のチームでは我が強い個性的な選手よりも、和を重んじるような選手を求める傾向《けいこう》にある。監督《かんとく》に物申す選手は皆無《かいむ》に等しい。

２００２年の日韓《にっかん》Ｗ杯《ワールドカップ》にも出場したＤＦの松田直樹《なおき》（故人）は、問題児のように扱われることがあった。例えば、元・日本代表監督のフィリップ・トルシエは「松田は、試合に出さなきゃ殺すというオーラがあった」と話す。ジーコが監督だったときは、試合に出られないことに怒《おこ》り、無断で代表合宿から帰ってしまった。

それ以降、松田は代表に選ばれなくなってしまった。

これらのエピソードはサッカーファンの中では有名である。それはある意味、松田のように監督に物申す選手が少ないということを意味しているのではないか。でも、それぐらいサッカーを愛して、強い気持ちを持った選手を育てていかないといけない。監督に媚《こ》びを売るのではなく、食ってかかるようにアピールする選手がいないと、選手間に競争が生まれない。

僕も日本に来た当時は苦労した。日系2世として、僕は日本人の両親のもとに生まれたけれども、ブラジルで生まれ育った。いまだに国籍もブラジルだ。2つの国を経験していることもあり、日本を日本人とは違う視点でみることができる。だから、チームのためによかれと思って、監督に意見すると、「お前は黙ってろ！日本には日本のやり方があるんだ。イヤなら帰れ」と怒られた。僕の意見は全然聞いてもらえなかった。

そんなやり方では、絶対にチームのレベルアップは図《はか》れない。日本サッカーも強くなりたいなら、本当の意味での民主主義になることが必要。正しいと思ったことは、先輩や監督にだって物申す。

２０１５年のラグビーW杯の日本代表を見習ってほしいね。ニュージーランド出身の選手がキャプテンを務めていたんだから。Jリーグでは、外国人選手がキャプテンを任せられた事例は少ない。年齢や国籍《こくせき》に関係なく、サッカーへの強い気持ちを持った選手がJリーグを引っ張っていってほしい。

過去サッカーW杯で優勝した国の共通点は「宗教」

サッカーW杯《ワールドカップ》の結果は、実は宗教も関係している。過去の優勝国であるアルゼンチン、ウルグアイ、スペイン、イタリア、ドイツ、ブラジル、イングランド、フランス。イングランドを除くこれらの国はキリスト教のカトリック教会を信仰《しんこう》している人が多い。今までに仏教やイスラム教を信仰している国民が多い国が優勝したことはない。

それはなぜか。僕は、宗教が与《あた》える国民の習慣の差だと考える。

カトリック教会の場合、日曜日は商業が休み。だからその受け皿として、スポーツや音楽、舞台が大きな役割を果たしてきた。休日に行くところがないから公園を開放し、民間行政問わずクラブチームを作って、週末はみんなが過ごせるようにしている。そうすると、自動的にスポーツに興味を持つ。スポーツが文化として生活と密着した関係にあるのだ。

一方で、日本の日曜日の過ごし方といえば、ショッピング。続々と大型ショッピングモールがオープンしている。

店側も日曜日は稼《かせ》ぎ時だと、お金のために一生懸命《いっしょうけんめい》働く。試《ため》しに、日本も日曜日は商業を休みにしてみたらどうかと思う。きっとディズニーランドやパチンコに人が殺到《さっとう》して、パニックになるだろう。仕事に追われて残業ばかりしている日本人は、余暇《よか》の過ごし方もわからない。

そんな日本の生活に、スポーツは必要ないのだろう。だから、公園はあってもボールの使用は禁止で、公園は災害時の避難《ひなん》場所にすぎないところも多い。スポーツをやるにしても、部活動やクラブチームなど、わざわざお金を払《はら》ってやらなければならないことがほとんど。

残念なのは、子どもたちが部活動の休みの日を「やった！　休みだ！」と喜んでいること。指導者や親がエリート教育をしようとストイックさを求めるあまり、スポーツを楽しんでいないから、休日がうれしくて仕方がない。それではイヤイヤ働く会社員と一緒《いっしょ》ですよ。

休日の受け皿として習慣的にスポーツが行われる海外と、部活動や習い事としてこなし、休日（休み）になると「スポーツ（部活動）をしなくてもいい」と喜ぶ日本の子どもたち。この習慣の差はなかなか大きいと思う。

チームワークを美化しすぎてはいけない

日本のプロスポーツは、チームワークを美化しすぎだと感じる。僕《ぼく》が思うに、乗り越《こ》えるべき敵は味方であって、チームとは猛烈《もうれつ》な競争である。

今のサッカー日本代表には、仲良しこよしな感じが出ていて、張り合いが欠けているように感じる。それはメンバーが固定化されていて、流動的でないからかもしれない。その証拠《しょうこ》に、たまに若手の選手が起用されると、チームの雰囲気《ふんいき》が一気に引き締《し》まる。

選手やチームは生き物だと思っている。だから、今までの実績を考慮《こうりょ》するのもいいけれど、そのときに調子のいい選手を起用しないといけない。メンバーが固定化されればされるほど、チームの発展は望めない。

何度も繰《く》り返すが、子どもの世界に補欠はいらない。全員が試合に出場して、エンジョイして、どんどんスポーツを好きになってほしい。

でも、プロの世界には競争が必要。そこは勘違《かんちが》いしてはいけない。今はプロの世界ほど、競争が少なく感じる。メンバーだけでなく、過去の自分とも競争し、記録を上回ることがまた競争につながる。

サッカーは、団体競技だけど個人の集まり。一人一人がそうやって、仲間と過去の自分に勝つことを意識すれば、レベルアップにつながる。チームワークを美化しすぎるのは禁物だ。

勝ったときに報道する日本、負けたときに報道する海外

強くならない理由として、もう一つ「スポーツ選手をアイドルとして扱う文化」がある。

日本でスポーツ文化が根付かないのは、報道の仕方にも問題がある。勝ったときは大フィーバーで、負けたらドンマイ。それをずっと繰り返してきている点だ。

例えば、2015年のラグビーW杯。南アフリカに勝つまではほとんどメディアに扱われなかった。だけど、1勝したらお祭り騒ぎのようにさまざまなメディアが報道し、予選敗退が決まったら急に報道しなくなった。

もちろん、今まで1勝もしたことがなかったから、歴史的な勝利ではあった。で

も「感動をありがとう」だけで終わらせたら、次につながっていかない。何を学んだのか、何が足りなかったのか、真実を伝えていかなければならない。

何より勝つことができたのは11人の外国人選手の活躍が大きいということ。日本人のフィジカルは向上したとはいえ、生粋《きっすい》の日本人選手だけだったらコテンパンにやられていたと思う。

しかもスポーツ番組なのに、アイドルや芸能人が出てきて、いかにラグビーが好きかアピールしあう。そして試合に関するコメントは少しだけ。日本ほどスポーツ中継に芸能人を起用する国はないのではないだろうか。男前の選手ばかりにカメラを向けるし、それでは一過性のブームしか作れないし、ブームで飯は食えても、スポーツは強くはならない。

テレビを見ていて、選手としてどう魅力的《みりょくてき》なのかが伝わってこない。カッコいいってことしかわからないのは、報道のレベルが低いということ。視聴率《しちょうりつ》を上げたいのなら、実力で上げるべき。あれでは、スポーツを題材にしたバラエティー番組と一緒だ。

プロのスポーツ選手に、結果を求めるのは当然のこと。「頑張《がんば》ったからいい」のはアマチュアまで。レクリエーションとしてサッカーをエンジョイする子どもたちはそれでもいいでしょう。でもプロがそれではダメじゃないか。

一方で、スポーツの強い他の国では、W杯だからって変にメディアが煽《あお》ることはない。そして、負けたときこそ報道の時間を増やしている。選手や監督のみならず、サポーターまでテレビに出演して敗戦に向き合い、原因や対策についてあれこれ討論しあう。プロの世界は、何でもかんでも「感動をありがとう」ではない。これが、スポーツが文化として根付いている証拠だろう。

あと、日本のバラエティー番組といえば、最近は海外と日本を比較《ひかく》して、「日本は素晴らしい」という内容が多くなってきたように感じる。たしかに日本の職人芸は素晴らしい。だけどスポーツに関しては、まだまだ強豪国《きょうごうこく》の真似をしなくてはならないレベルだ。

例えば海外では、野球はサッカーほど盛んではない。国民的ヒーローの王貞治《さだはる》さんや長嶋茂雄《ながしましげお》さんがヨーロッパを歩いていたって声をかけられないでしょう。だから野球はオリンピックの種目から外れてしまった。

バレーボールだって、大きな大会を日本ばかりで開催《かいさい》しているけれども、それはスポンサーがお金を払っているから。地上波のテレビで、バレーボールの決勝戦を見たことがあるか？　日本が負けると放送しないでしょ。だから日本と優勝国の実力の差を目で確認することができない。

日本は国内ですべて成り立っている国だから、国際的な情報に弱い。海外との差を認識できず、日本はスポーツが強いと錯覚《さっかく》してしまう。これも、日本のスポーツが強くならない理由の一つ。そのことに気がつかないし、マスコミがあえてそうしているようにも見える。

ファンの質を上げなくてはならない

２０１４年のＦＩＦＡワールドカップで、日本は１勝も挙げられないままグループリーグ敗退となった。２０１０年大会のときはベスト16まで進出しただけに、なんともあっけない終わり方だった。あれだけ「優勝を狙《ねら》う」と大口を叩《たた》いていたのに、１勝も挙げられなかった。本田圭佑《けいすけ》は、「口だけで終わってしまって残念。本当に申し訳ない」とコメントした。

しかし、この結果を批判する国民は少なかった。「頑張った彼《かれ》らを批判するなんて……」と、むしろ選手たちの雄姿《ゆうし》を褒《ほ》め称《たた》え、落ち込んでいる選手をかばい、逆に結果を非難する人が批判の対象だったのではないか。

選手がブラジルから帰国するとき、約２０００人のファンが空港に駆《か》けつけたが、なんと選手たちを拍手《はくしゅ》で出迎《でむか》えた。これには、逆に選手が驚《おどろ》いたようだ。

僕は、このときにファンの質を上げなくてはと感じた。

選手は結果に満足できず、悔《くや》し涙を流しているというのに、勝っても負けても褒めるのは、逆に失礼。そのうち勝負に対して鈍感《どんかん》になり、選手は競争心を失って、頑張らなくなるよ。

そもそも、「日本は強い」と錯覚しているファンが多い。1勝もできなかったのが日本の実力だと受け入れなくてはならない。日本代表に限らず、Jリーグは、アジア各国のクラブチームのチャンピオンと闘《たたか》うACL（AFCチャンピオンズリーグ）では、ほとんど勝てていない。

たしかに数年前に比べ、海外のチームに所属する選手、いわゆる「海外組」は増えた。本田圭佑はACミラン、香川真司《かがわしんじ》はボルシア・ドルトムント、長友佑都《ゆうと》はインテル。他にも、内田篤人《あつと》、岡崎慎司《おかざきしんじ》、長谷部誠《はせべまこと》、乾貴士《いぬいたかし》、武藤嘉紀《むとうよしのり》、原口元気、酒井宏樹《ひろき》、清武弘嗣《きよたけひろし》、南野拓実《たくみ》……。海外組はたくさんいる。

ただ彼らが移籍《いせき》できたのは、エージェントのおかげであるということを知っておかなければならない。

エージェントとは、選手の移籍や契約更新《けいやくこうしん》、さらにはスポンサー契約に至るまで、代理でクラブとの交渉《こうしょう》にあたる企業《きぎょう》や人のことを指す。彼らは移籍を成立させれば、仲介《ちゅうかい》手数料をもらえる。だからお金を稼ぐためには、とにかく日本人の選手を海外に連れて行かないといけない。

しかし移籍金がもらえる移籍はほとんどなく、大抵が0円移籍をしている。つまり、移籍金を支払《しはら》ってまで日本人を獲得《かくとく》したがる海外のクラブチームはほぼないということだ。

だから、移籍にかかった費用を回収できず、多くのJリーグのチームは一生懸命お金をかけた選手をタダで手放し、儲《もう》けられないどころか、むしろ損をすることさえもある。

さらに、実力だけでは海外のクラブチームと契約までに至らないから、WOWOWやスカパー！　の放映権というお土産《みやげ》をつけることもある。

それにメディアは儲けるために、ヒーローを生み出したいから、あたかも海外で活躍しているかのように報道する。実際には、Jリーグよりレベルの低いチームに移籍している選手だっている。そして、海外で通用しないレベルの選手は、お土産がなくなったらJリーグに帰ってくる。

しかし、海外組の人気選手がJリーグに戻《もど》ってきたら、途端《とたん》にテレビのニュースでは報道されなくなる。それは、Jリーグを扱ってもお金にならないから。

有名外国人をJリーグに連れてくるときも、呑気《のんき》に喜んでいるだけではダメ。

結果が出なければ、フロントに抗議《こうぎ》することも必要だ。

例えば、セレッソ大阪《おおさか》は2010年の南アフリカW杯で得点王とMVPを受賞した、ウルグアイ代表のディエゴ・フォルランを獲得した。豪華《ごうか》なキャスティングに僕も心が躍《おど》った。しかし、フォルランが加入した年に、セレッソ大阪はJ2に降格。そして1年半の契約満了《まんりょう》に伴《ともな》い退団することになった。年棒《ねんぼう》は約6億円といわれ、経営面で契約更新には至らなかったといわれている。

これは完全にフロントの無計画な補強にすぎない。親会社のヤンマーが創設

100年になり、それをお祝いする目玉としてフォルランを連れてきた。エージェントや広告代理店の勧《すす》めで、大金を払って加入させたのだろうけど、結果、降格してチームはバラバラになってしまった。

「Jリーグに来てくれてありがとう」と感謝の言葉を述べるだけでは、Jリーグ全体の底上げにはつながらない。もっと厳しい目で選手・フロントを評価しなくてはならない。そうでないと人気取りや話題性に走り、真の意味で日本のサッカーは強くならない。

本当になでしこジャパンは強いのか

男子サッカーの海外組の話と似ているのが、2011年のFIFA女子ワールドカップで初優勝したなでしこジャパンだ。「なでしこジャパンは強い」と思っている人は多いだろうが、少し考えてみてほしい。

例えばイスラム教などの国では、女性が肌を露出《ろしゅつ》することはできない。最近は、ヘッドスカーフの着用が認められたが、誰《だれ》でも気軽にサッカーができる環境ではない。つまり肌《はだ》を見せる種目は、アジアでの競争がない。だから、決して「強い」とは言い切れない。

優勝したときは、たまたまアメリカに勝てただけで、まだ互角《ごかく》に戦える相手ではない。現に、2015年のW杯では2対5で負けてしまった。そして2016年のリオ五輪の出場をかけたアジア最終予選では、オーストラリアに1対3で負け、中国にも1対2で負けるなど、予選敗退。その結果、8年務めていた佐々木則夫《ささきのりお》監督は退任することになった。

昔は女子サッカーの競技人口が少なかったから、小学生から高校生まで一緒にプレーしていた。年上の世代と一緒にプレーするから、早く上達したというのもある。だけど、少しでも人気が出て発展しだすと、すぐに日本サッカー協会が現れて、年齢《ねんれい》別に分けた組織を作ろうとする。それは財源が欲しいからで、組織を作ってエントリーフィーを徴収《ちょうしゅう》する。

現場からは、「年齢別にしたら人数が足りなくて、年代によってはチームを組めなくなることを知っているのか」という不満の声が挙がっていた。現場を把握《はあく》しないで、すぐお金儲けに走ってしまうのはいかがなものだろうか。

これはゲートボールでも似たような現象が起きている。昔はゲートボールを楽しむお年寄りがあらゆる公園などで見られたが、今ではほとんど見かけない。彼らは、どこへ行ってしまったのだろうか?

聞いた話では、協会や世界選手権などができたことで、今まで下手でも楽しんでいた人が、楽しめなくなってしまったそうだ。1グループ5人で競技する団体種目だから、余暇で楽しもうとする人と本気でやろうとしている人とで、意識の差が出てしまったのだろう。どちらが良い悪いではないが、そうした溝《みぞ》がプレイヤーを減らす原因になったと思われる。

日本ゲートボール連合によれば、約20年前は600万人いた愛好者が、現在は約120万人ほどだそうだ。何でも組織化すればいいってもんじゃない。その代わりと言ったらなんだが、日本発祥《はっしょう》のゲートボールは今、海外でプレイヤーが急増しているそうだ。

企業スポーツ体質のＪリーグ

子どもたちの世界では、補欠がゼロになるようにチーム数は増やしたほうがいいと思っている。一方で、Ｊリーグのクラブ数は増えすぎではないだろうか。

例えば、神奈川県《かながわけん》にはいくつチームがあるだろうか？　横浜《よこはま》Ｆ・マリノス、横浜ＦＣ、川崎《かわさき》フロンターレ、湘南《しょうなん》ベルマーレ、ＳＣ相模原《さがみはら》、Ｙ．Ｓ．Ｃ．Ｃ．横浜……。それに神奈川には、横浜ＤｅＮＡベイスターズという野球チームもある。神奈川県民で、サッカーも野球もどちらも応援《おうえん》しているサポーターは、果たしてどのくらいいるのだろうか。

僕が思うに、神奈川県民は種目やチームを応援していて、地域を応援していないように感じる。

慶應義塾《けいおうぎじゅく》大学の藤沢《ふじさわ》キャンパスで講義を持っていたときに、就職活動中の学生から「マリノスに就職するにはどうしたらいいですか？」と聞かれた。ホームページなどを見ても、採用情報は掲載《けいさい》されてなくて、電話で問い合わせたら「募集《ぼしゅう》していません」と言われたそうだ。

だから僕は、「まずは頑張って、日産自動車に入社しなさい」と教えてあげた。入社すれば、運よくサッカーの事業部に異動できるかもしれないから、と。すると学生は「Jリーグは地域密着と言っているけど、言っていることとやっていることが違いますね」と言った。

まさにその通り。Jリーグは、地域密着のプロリーグと謳《うた》いながら、結局は親会社が牛耳っている、典型的な企業スポーツの体質だ。本当に地域密着というのであれば、チームのある地域出身者や、その地域の学校を卒業した人をプロパーとして採用したらいいのではないか。サッカー界はコネが横行していて、クラブの元社長の息子さんや娘さんがサッカー界で働いていることを、僕はたくさん知っている。

日本のプロスポーツにおいて、親会社におんぶに抱《だ》っこのチームは、経営が悪くなると切り捨てられてしまう。儲からないからポイ捨て。実際に、事実上消滅《しょうめつ》してしまったチームもある。チームは存続していても経営が苦しく、強豪チームではなくなってしまったところもある。

そんなことを続けていたら、日本のスポーツはいつまで経《た》っても強くはならない。プロリーグならば、親会社に頼《たよ》りっぱなしではなく、地域に根ざして独立した存在でいないと。

選手も、地域の人たちに何か還元《かんげん》しようとする意識はあるのだろうか？　年間、ホームで試合するのは20試合ほど。それ以外の日は、どうやって地域と交流を図《はか》ろうと考えているのだろうか。

地域に還元すること、それを考えることは、のちのち引退したときにも役立つだろう。選手のセカンドキャリアについては、第５章で説明しよう。

国はスポーツ文化に投資せよ

オリンピックと同時開催される障がい者スポーツの大会「パラリンピック」。正直に言うと、日本ではパラリンピックは人気がない。だから「どうしたら開会式に人が集められるか」ということが、スポンサーの間では問題になっている。

僕は日本アンプティサッカー協会スーパーバイザーとして、アンプティサッカーの普及《ふきゅう》活動も行っているが、日本は障がい者スポーツを観戦する文化もなければ、そもそも障がい者スポーツに関しての知識がない。

アンプティサッカーとは、上肢《じょうし》、下肢《かし》の切断障がいを持った選手がプレーするサッカーのこと。フィールドプレーヤーは、松葉杖《まつばづえ》クラッチで体を移動させていく。ちなみに選手交代は何度でも可能だ。

アンプティサッカーの大会や体験会などのイベントを開催するには当然、場所がいる。だから公園を借りたくて国土交通省に問い合わせたら、「ダメだ」とあしら

図5●企業スポーツ体質のJリーグ

運営責任企業がある主なチーム

ヴィッセル神戸	楽天
大宮アルディージャ	NTTグループ
鹿島アントラーズ	新日鉄住金
柏レイソル	日立製作所
川崎フロンターレ	富士通
ガンバ大阪	パナソニック
ジュビロ磐田	ヤマハ発動機
名古屋グランパス	トヨタ自動車
横浜F・マリノス	日産自動車

(五十音順)

われ、文部科学省からも「学校のグラウンドを貸すことはできない」と断られ、大変な思いをした。

アンプティサッカーの練習場所を確保することすら大変な日本で、パラリンピックは開催される。そのことに僕はすごく矛盾を感じる。

そもそもアンプティサッカーに限らず、子どもたちが自由にボールを蹴《け》って遊べる公園もほとんどなくなってしまった。子どもが無料で遊べない社会になってしまった。

日本はもっとスポーツ文化に投資するべき。オリンピック、パラリンピックを開催するなら、スポーツの力を理解しなくてはならない。スポーツに対する理解や知識がないから、震災《しんさい》が起これはスポーツを自粛《じしゅく》する。

スポーツには、人々や地域を豊かにしていく力がある。日本はスポーツを単なるビジネスとして捉《とら》えていて、目先の利益ばかりを追い求めている。スポーツは、決して経済効果や企業が儲けるためだけのものではない。

２０１５年にスポーツ庁ができ、水泳のオリンピックメダリストの鈴木大地《すずきだいち》が初代長官に就《つ》いたが、スポーツに対する考えや制度を変えなければ、根本的な解決にはならないだろう。

スポーツに限らず、例えばアメリカは学者などの研究にもお金を投資している。日本人がノーベル賞を受賞すると、日本の技術や能力を褒め称える人もいるが、結局、多くの場合、活動拠点《きょてん》はアメリカなどの海外。日本人の優秀な人材は、その分野に対してお金をかけている国へ行ってしまう。だから、それは人のふんどしでとった賞。

一方で、スポーツや研究の分野で、日本に来た外国人はどのくらいいるだろうか？　考えてみてほしい。

日本でオリンピックが開催されて、何が残ったか？

日本では過去何回オリンピックが開催されただろうか？

正解は、1964年東京（夏季）、1972年札幌《さっぽろ》（冬季）、1998年長野（冬季）の計3回。

オリンピック開催回数を国別のランキングにすると、日本は3位になる。ちなみに1位はアメリカの8回、2位はフランスの5回、3位は同数でイギリス、カナダ、イタリア、ドイツがランクイン。2020年の東京オリンピックが開催されれば、4回となり単独3位となる。

この数字だけ見ると、日本は本当にスポーツが盛んな国のようだ。

しかし長野オリンピック後に、例えば冬季五輪の種目の一つであるアイスホッケーのチームは、古河電工アイスホッケー部、雪印アイスホッケー部、SEIBUプリンスラビッツの3つが消滅した。

現在は国内に、日本製紙クレインズ、王子イーグルス、東北フリーブレイズ、H.C.栃木《とちぎ》日光アイスバックスの4チームしかなく、国内リーグが開催できない。だから韓国《かんこく》、中国、ロシアのチームと一緒に、アジアリーグとして戦っている。

図6●廃部・休部になったスポーツチームの一例

硬式野球部	三菱ふそう川崎 （2008年休部／2013年解散）
（女子）サッカー部	田崎真珠（2008年休部） 東京電力（2011年休部）
アメリカンフットボール部	オンワード（2008年廃部）
バドミントン部	パナソニック（2012年解散）
陸上部	ヱスビー食品（2013年廃部）

など

しかしこれらのチームは、企業スポーツ、プロチーム、行政でやっているチームと体質がバラバラで、まとめるのがものすごく大変。アイスホッケーの国内チームが増えてほしいと切実に願う。

企業スポーツは、会社の業績がチームの存続を左右する。経営が悪化すれば、廃《はい》部《ぶ》・休部になるのは、なにもアイスホッケーだけではない。2008年にリーマンショックが起きたとき、企業スポーツの廃部・休部が続出した。

例えば、三菱《みつびし》ふそう川崎の野球部が休部（2013年に解散）、田崎真珠《たさきしんじゅ》の女子サッカー部が休部、オンワードのアメリカンフットボール部が廃部した。

それ以降も東京電力の女子サッカー部が休部になったし、パナソニックのバドミントン部（2012年に解散）、バスケットボール部も休部、エスビー食品の陸上部は廃部となった。

名門といわれるところの突然《とつぜん》の廃部・休部は決して珍《めずら》しいことではない。親会社が、企業スポーツから撤退《てったい》すると言ったら、会社から派遣《はけん》されている人材は、それに従うしかない。反発したら、自身の首も切られてしまうかもしれないからだ。

もちろん経営がさほど悪くない会社でも廃部・休部になっているのは、企業スポーツというのは、会社の宣伝という意味が含まれているからだ。だから、投資した額に見合う宣伝効果を生み出せているかどうか、コストパフォーマンスが重視される。宣伝効果があまりないと判断された場合は、広告を取り消すかのように無駄《むだ》な経費を削減《さくげん》すべく、廃部・休部になってしまう。

果たして、日本でオリンピックが3回も開催されて、何が残ったのだろうか。そして2020年の東京オリンピック後には、何が残るのだろうか。

「2016年と2024年」を捨ててはいけない

2020年に向けて、国立競技場の建設費やデザインについて大騒動《おおそうどう》が起きたことは記憶《きおく》に新しい。でもあれは、東京開催だから揉《も》めた。他国開催だったら揉めずに、最初の案で建設していたはず。だってスポーツにかかわったことがない人たちがいきなり口出ししてきたから。

とはいえ、２００２年のサッカー日韓W杯のために作ったエコパスタジアム（静《しず》岡《おか》県）は、今ではほとんど使われていない。

Jリーグでは、静岡県に清水エスパルスやジュビロ磐田《いわた》というチームがあるが、ホームの試合では、エコパの会場は年に数回しか使われず、普段は他のスタジアムを使用している。使い方が中途半端なら文句を言われても仕方がない部分はある。

「埼玉《さいたま》スタジアム２〇〇２《にまるまるに》」（埼玉県）や「日産スタジアム（横浜国際総合競技場）」（神奈川県）のように、Jリーグのチームのホームスタジアムとして使っていても、大半は赤字経営になっている。

ところで２０２４年のオリンピックに関しては、どんな対策がなされているのだろうか？　開催地が決まってから動き出すのか、それとも端《はな》から頭にないのか。

僕は後者だと推測する。２０２０年の東京オリンピックが終わったら、国民の関心からオリンピックは消えるだろう。

国際試合に勝っていくには、積み重ね、継続性が大事であって、日本で開催する2020年だけ頑張って強化したって意味がない。もしオリンピックを開催するたびに強化するとしたら、次に強化するのは50年後ですか？

何度も言うように、日本はもっとスポーツが強い国を分析《ぶんせき》して、やり方を真似していくべきだ。外国のことをもっと研究して、プライドを捨てて学ぼうとする意識が必要。「日本には日本のやり方がある！」と言って聞く耳を持たないのは止《や》めましょうよ。そんな中途半端な強化が日本のやり方ですか。

地元開催のときだけ盛り上がる国体

国民の健康増進と体力向上、さらに地方スポーツの振興《しんこう》と地方文化の発展を願う、国内最大の国民スポーツの祭典といえば、国民体育大会（以下、国体）。開催の趣《しゅ》旨《し》は、国民の間にスポーツを普及させて、スポーツ精神を高めることにある。まさに趣旨だけ見ると、国内におけるスポーツ普及の一大イベントだ。

では問題。オリンピックイヤーでもある２０１６年の国体はどこで開催されるか？　正解は岩手県。岩手以外の人で、どれくらいの人がわかっただろうか。ちなみに、都内在住や都心に通う人に聞きたいが、２０１３年は東京で国体が開催されたのを知っているだろうか。

オリンピックはあんなに盛り上がっているのに、国体に関しては全く興味がない。マスコミはお金にならないことは、ほとんど報道しない。報道されないから、国民の話題になっていない。

もしかしたら地元開催のときは興味関心を持つかもしれない。なんせ、地元開催のときだけ、選手強化費を投入する傾向がある。地元開催だから試合に負けたくないし、華やかにしたい。

その思いが行き過ぎて、不正を行っていた都道府県もある。選手の参加資格は、居住地や勤務地が県内であること、といったルールがあるのだが、勝ちたいがために、その実態のない選手を県外から連れてきたこともあった。不正が発覚し、選手の出場を取り消されたこともあった。

なにしろ、1964年以降、2002年の高知開催を除き、開催地が総合優勝している。開催地がほぼ毎回優勝とは、さすがに変ではないだろうか？

不正についてはさておき、地元開催時に費やした予算は、翌年になれば削《けず》られる。その1年だけ場当たり的に、選手に甘い蜜《みつ》を吸わせて、翌年からはまた厳しい環境にさせてもしょうがないでしょう。

スポーツは継続的に行うのが大事なのに、これではいつまで経ってもスポーツ文化は発展しない。

スポーツはブームであってはならない

2015年のFIFA女子ワールドカップで、なでしこジャパンは決勝戦に進出。2011年に開催された前回大会で優勝しただけに、2連覇《れんぱ》が期待され、世間は大フィーバー。しかし、結果は2対5で負けてしまった。

その後、メディアで国内女子サッカーであるなでしこリーグについて報道されることはほぼゼロ。澤《さわ》が入籍《にゅうせき》したときはたくさんマスコミに取り上げられたけどね。おめでたいことだが、スポーツ選手ならば本業であるスポーツのことで話題になりたかったはずだろう。

印象深かったのは、なでしこジャパンのＭＦ宮間あやのコメントだ。２０１５年のＷ杯でカナダから帰国した記者会見で、彼女は「女子サッカーをブームではなく文化として根付かせていけるように」と語っている。

２０１１年のＷ杯で優勝して以降、大きな大会では国民の注目を集めていながらも、日本国内の女子リーグではなかなか観客が増えない。むしろ減ってしまっているという現状がある。

結果を出し続けなければ、ファンが離れてしまうという不安と常に戦っているという。だから彼女は「不安を感じなくなれば、文化になったのでは」と持論を述べた。

図7●国体開催地と総合優勝

回	年次	開催地（本大会／秋季大会）	天皇杯獲得都道府県
第70回大会	平成27年（2015年）	和歌山県	和歌山県
第69回大会	平成26年（2014年）	長崎県	長崎県
第68回大会	平成25年（2013年）	東京都	東京都
第67回大会	平成24年（2012年）	岐阜県	岐阜県
第66回大会	平成23年（2011年）	山口県	山口県
第65回大会	平成22年（2010年）	千葉県	千葉県
第64回大会	平成21年（2009年）	新潟県	新潟県
第63回大会	平成20年（2008年）	大分県	大分県
第62回大会	平成19年（2007年）	秋田県	秋田県
第61回大会	平成18年（2006年）	兵庫県	兵庫県
第60回大会	平成17年（2005年）	岡山県	岡山県
第59回大会	平成16年（2004年）	埼玉県	埼玉県
第58回大会	平成15年（2003年）	静岡県	静岡県
第57回大会	平成14年（2002年）	高知県	東京都
第56回大会	平成13年（2001年）	宮城県	宮城県
第55回大会	平成12年（2000年）	富山県	富山県

参考URL：http://www.japan-sports.or.jp/kokutai/tabid/183/Default.aspx

選手たちは、日本でスポーツが文化になるよう、一生懸命闘っている。それを金儲けしか考えていないメディアが、躍進《やくしん》したときだけ大々的に報じて、その後は全く取り上げないのはいかがなものかと思う。

2015年のラグビーW杯のときだって同じだ。日本が南アフリカに奇跡的《きせきてき》な勝利を挙げた途端、メディアは騒ぎ出した。すると、男前であり、独特のジェスチャーを見せた五郎丸歩《ごろうまるあゆむ》が一躍注目の的になった。

五郎丸は「チームみんながヒーローだ」と言っているのに、五郎丸をはやし立て、行き過ぎたマスコミは、彼が通う美容院まで押し掛《か》けた。しまいには、その年の流行語大賞にも「五郎丸」がノミネートされ、トップ10入りを果たした。大会から半年以上経った今でも、五郎丸はメディアにひっぱりだこだ。

だが、ラグビーの文化が日本に根付いたのかと聞かれれば、「はい」と断定はできないだろう。これはあくまでブーム。過去にも、漫画《まんが》やドラマでラグビーに注目が集まったことはあったし、サッカーより盛り上がっていた時代もあった。ただそれはマスコミがもてはやしただけの、一過性のブームにすぎなかった。

選手たちは、ブームであることに気がついている。だから、国民も気がつかなきゃ。マスコミも協力して、一緒に文化を作っていこう。

第3章

「部活動」と「スポーツ」は切り離さなければならない

"Department activity" and
"sports" must be separated

学校はもともと「スポーツ」をやる組織体制ではない

日本では「スポーツ」＝「体育」という概念《がいねん》が根付いていて、その意識が頭から抜《ぬ》けない。

簡単に歴史を振《ふ》り返ると、1872年に学制が発足し、体育の原型となる「体術」が始まり、その後「体操」として変化していった。1891年に制定された「小学校教則大綱《たいこう》」では、小学校の体操科の内容が「遊戯《ゆうぎ》」「普通《ふつう》体操」「兵式体操」として整えられた。その後も体操科は、社会の変化とともに形を変えていき、軍部やファシズムの影響《えいきょう》を受けることになる。

そして「学校教練教授要目」が制定され、1931年に剣道《けんどう》と柔道《じゅうどう》が必修化。1938年には厚生省が新設され、1941年に「体操科」は「体錬《たいれん》科」に改称《かいしょう》された。戦争のために、学校の授業で国民の健康や体力が管理されていったのだ。これらの背景から「スポーツ」＝「体育」という考えが根付いてしまったのだろう。

だが、学校というのは教育を行う機関であって、本来スポーツをやる組織ではない。

例えば、体育館。そこに観客用のスタンドはなく、その代わり、全校集会をやるための講堂的な役割を果たすステージがある。震災《しんさい》時には避難《ひなん》場所となり、もちろんスポーツは自粛《じしゅく》しなければならない。校庭も、学校行事の際には駐車場《ちゅうしゃじょう》となる。

何より多くの場合、中学3年生や高校3年生の総体が終われば、受験のために部活動を辞《や》めなくてはならない。運動は勉強の邪魔《じゃま》になるという考えなのだ。スポーツをすることで、勉強で煮詰《につ》まった頭や、なまった体がリフレッシュできるのに、教育の機関では、スポーツは勉強の妨《さまた》げという扱《あつか》い。それではいつまで経《た》ってもスポーツ文化は育たない。

「部活動」はスポーツではなく学童保育の延長上にある

日本のように、ここまで大規模な部活動が成立している国は他にない。あっても、地域で行われるクラブチームのほうが活発だったり、エリートしか所属できなかったりする。だから誰《だれ》でも入部できる部活動は、日本特有の文化と言っていい。

その部活動は、戦後に形成されていった。戦前の体育の授業では、軍事教育の内容が盛り込《こ》まれた。しかし戦後、アメリカの占領《せんりょう》政策に伴《ともな》い、戦前の軍国主義的な制度は崩壊《ほうかい》し、民主化政策がとられることとなった。そこで生まれたのが部活動だ。学校の教育課程からは取り除かれ、自発的なスポーツ活動としての役割で始まった。

ただ現在の部活動は、学童保育の延長上にあると感じる。

1980年代に、学校を荒《あ》らす非行少年の存在が社会問題になった。すると、「スポーツをやらせれば更生《こうせい》するだろう」という考えが生まれ、部活動が更生の役割を担《にな》うことになった。親は子を夕方までフラフラさせないよう、悪いことをしないよう、学校に管理してもらっている。

だから顧問《こもん》の先生は、スポーツの素人《しろうと》なのだ。スポーツをやるためではなくて、非行に走らないように管理するだけだから、素人で充分《じゅうぶん》というわけだ。

一昔前は、今とは違《ちが》って学校の先生に威厳《いげん》があった。だから親も、部活動まで先生にみてもらうことをありがたく思っていた。

この教師の奉仕《ほうし》で行われる部活動のせいで、日本はスポーツにお金をかけないという考えが根付いてしまったのだろう。

2000年代初頭には、ゆとり教育の影響によって部活動は必修ではなくなったし、以前ほど学校の先生に威厳もない。ただ地域によっては、必修のところもあるようだが。

今では、両親共働きの家庭が多くなり、学校が終わって夕方にかわいい子どもが帰宅しても、自分は家にいない。家に1人でいるのを心配して、学校に預けているようなもの。つまり、学童保育の延長上ということだ。共働きで、子どもの相手をできないことに、変に罪悪感を覚え、子どもを甘《あま》やかす親も多い。

学童保育ならば、部活動である必要はなく、面倒《めんどう》を見てくれるなら塾《じゅく》でも構わない。でも内申書などを気にして、無理に部活動を続けている子どももいるでしょう。これが、僕《ぼく》が「部活＝スポーツ」ではないという理由だ。

部活動に「指導者」ではなく「責任者」が必要な現状

部活動の顧問は、教師にとって過剰《かじょう》労働という問題が起き、部活動の廃止《はいし》を求める声も高まってきている。テレビや雑誌、新聞などのメディアでもたびたび、この問題は取り上げられている。

２０１１年には、大阪《おおさか》・堺《さかい》市の市立中学校で、バレーボール部の顧問を務めていた26歳の男性教員が過労死してしまった。放課後だけでなく、朝、さらに土日も指導していたという。土日に部活動の指導をすれば、手当が支給されるが、4時間以上の日額で３０００円程度。これでは最低賃金より低く、もはやボランティアだ。

中には、部活動が生きがいの教師もいるだろうが、大半は負担となっている。20～30代の教師なら、仕事以外にも恋愛などのプライベートを充実《じゅうじつ》させたいだろう。

部活動を廃止せず、顧問の役割を外部に委託《いたく》するという案もある。実際、東京都杉並《すぎなみ》区のとある中学校では、「部活イノベーション」という新しい取り組みを行っている。これは、外部のプロのコーチが部活を指導するもので、サッカー部やバスケットボール部、テニス部、剣道部、野球部、バドミントン部などで実施《じっし》されていて、1人1回3時間ほどで、500円程度の費用がかかる。

いい事例だとは思うが、コストがネックとなり、なかなか実行に移せていない自治体ばかりだ。部活動の顧問については、すぐに解決しそうにない大きな問題となっている。

ただ、よく考えてほしい。少子化で子どもの数が減ってきているのに、教える人が足りないなんておかしくないだろうか？

要は「指導者」じゃなくて「責任者」が足りていないだけ。部活動で、子どもがケガをしただけでも責任問題が発生するし、ちょっとでも怒《おこ》れば、親は体罰《たいばつ》だと過《か》敏《びん》に反応する。それが身体的にも精神的にも負担になっている。それでいてボランティアだとしたら、部活動廃止を訴《うった》えるのも当たり前じゃないか。今の部活動は、ご時世にあっていない。

教師は過剰労働で苦しんでいるのに、いざ部活動がオフになると、子どもたちは「やった！　休みだ！」と喜んでいるのが皮肉だよ。本来なら、「明日休みなの？　もっとやりたい！」と言い出すような状況《じょうきょう》でなくてはならないのに。これは、無理やりやらされていて、純粋《じゅんすい》にスポーツを楽しんでいない証拠《しょうこ》だ。

それに、そんなに部活動をやっているのに弱小チームだとしたら、やり方が悪いとしかいいようがない。

残念ながら、会社でもそうだ。定時までに仕事を終わらせて帰る人よりも、終電近くまで残業している人を「頑張《がんば》っている」とみなす。近年は経費削減《さくげん》などのために、残業を禁止する企業《きぎょう》も増えてきたが、効率性よりも根性論が求められる風潮はまだ残っていると感じる。

優秀な指導者は「教える」ではなく「一緒になって考える」

これからは、元・Jリーガーが外部の顧問として指導にあたっていくだろう。選手たちもセカンドキャリアとして、指導者の道を選びやすい。

だけど元・プロで、指導者の資格を持っていたとしても、教えるのが上手だとは限らない。そもそも彼らをプロにさせてくれた顧問・監督《かんとく》は、素人なんだから。むしろ失敗や挫折《ざせつ》、ケガの経験がある人のほうが適しているかもしれない。エリート街道を歩んできた人は、できない人の気持ちがわからない。野球界だって、親が優秀な選手だったにもかかわらず、子は大物にならなかったケースがあるでしょ。

部活動は、週3〜6日、1日3〜6時間程度、さらに長期休暇《きゅうか》には通常よりも厳しい練習をする合宿まで行われる。プロがこなすメニューのようにやっているのに、うまくならなかったら、よほど教えるセンスがない。やり方を変えたほうがいい。時間だけ増やしても、身体がどんどん消耗《しょうもう》していき、スポーツ嫌《ぎら》いを生んでいくだけだ。
もしそこで挫《くじ》ける子がいたら「根性が足りない」と精神論を唱えるけど、厳しくやればうまくなると思っている指導者は、厳しくやってうまくならなかった人だろう。

僕は、小学生を対象に「さわやかサッカー教室」を全国各地で1000回以上開《かい》催《さい》してきた。親から「教え方がうまいですね」と言われることもあったが、僕だって教え方に迷った。

だけど何回も教室を開いていくうちに、なんでも教えてしまうと子どもたちは教えられるのを待ってしまい、自分の頭を使わなくなることに気がついた。すると、大した成長がない。サッカーには遊び心が大事だし、イマジネーションがなければならないから、教えすぎもよくない。

そうではなく、「どうしたらいいプレーができるか」を子どもと一緒《いっしょ》になって考えるのが大事。それから、僕は日本語があまり上手じゃなくて、小学生ぐらいのボキャブラリーしかなかったのがよかったのかも（笑）。小学生の言葉で、対等に接することができた。

とはいえ、僕は全員を優秀《ゆうしゅう》な選手に育てようとはしない。プレーについて自発的に質問に来る子だけ、選手になるよう育てるようにしている。といっても、聞きに来た子にはボールを奪《うば》うなど、ちょっと意地悪なぐらいに本気になって相手をするくらい。

子ども相手とはいえ、決してわざと負けるようなことはしない。本気で悔《くや》しがられて、たまに泣かれるけどね（笑）。

もちろん質問をしない子どもも見捨てたりはしない。彼らには、とことんエンジョイしてもらう。スポーツの語源は、ラテン語で「楽しむ」などを意味する「deportare」から来ている。だから勝利至上主義、プロ育成コースのような練習をさせるのではなく、心の底からスポーツを楽しんでもらう。

これは小学生に限らず、中学生でも高校生でも、この基準でチーム分けをしてみたらどうだろうか。高校生の部活動も、全国大会出場やプロを目指すサッカー部と、体を動かしてエンジョイするサッカーサークルの両方があればいいのにね。

それから補欠を廃止し、全員にプレーのチャンスを与《あた》えて、可能性を広げてあげることも、指導の一つであることを忘れてはならない。

スポーツで「6・3・3制」を取り入れているのは日本だけ

日本は部活動でスポーツをやろうとするから、「6・3・3制」というルールが存在する。「6・3・3制」とは、小学校・中学校・高校の区切りのこと。この制度を取り入れている国はほとんどない。

例えば、サッカーの国際試合は「U―23」と年齢《ねんれい》で区切る。つまり制限された年齢以下であれば、小学生も中学生も高校生も関係なく、混ざってプレーすることになる。

成長期であれば、たった1歳違うだけでも身体の差が出る。小学6年生と中学1

図８●国際大会の年齢別

日本の学制

小学校６年（卒業時「12歳」）
中学校３年（卒業時「15歳」）
高校３年（卒業時「18歳」）
大学４年（卒業時「22歳」）
＊いずれも、留年や飛び級、浪人がない場合

スポーツの国際試合区分

1 世界大会
FIFA「U-20」ワールドカップ
FIFA「U-17」ワールドカップ

2 アジア大会
AFC「U-23」選手権
AFC「U-19」選手権
AFC「U-16」選手権
AFC「U-14」選手権

年生ではずいぶん違う。格上の相手とプレーし、揉《も》まれることで成長するし、上の世代も下の世代も負けまいと本気を出す。混合でプレーするから、上達が早くなる。

スポーツ選手には、次男（中間子）が多いという説がある。たしかにサッカーであれば、三浦知良《みうらかずよし》や中田英寿《ひでとし》、本田圭佑《けいすけ》や岡崎慎司《おかざきしんじ》などは次男。次男ではなく三男だが、遠藤保仁《えんどうやすひと》などもいる。

南アフリカW杯やブラジルW杯の日本代表に選出されたメンバーのほとんどが、兄や姉がいる中間子というデータもあるそうだ。ちなみに一人っ子のサッカー選手はごく少数。野球でも、長嶋茂雄《ながしましげお》さんやイチロー、松井秀喜《ひでき》も次男だという。お兄ちゃんと一緒に遊んでいるうちに上達していったのでしょう。

とはいえ、時代は少子化。兄弟のいない一人っ子も増えてきた。そうしたら今後は、スポーツ選手は育たなくなるのだろうか？

兄弟の有無など家庭の環境《かんきょう》に左右されないように、世代を超《こ》えた練習や試合ができる仕組みが必要だと思う。

図9●南アフリカW杯メンバーの兄弟関係

GK	
川口能活	次男
楢崎正剛	長男(姉がいる)
川島永嗣	次男
DF	
中澤佑二	次男
田中マルクス闘莉王	長男
駒野友一	長男(姉がいる)
岩政大樹	次男
今野泰幸	長男(姉がいる)
長友佑都	長男(姉がいる)
内田篤人	長男(姉がいる)
MF	
中村俊輔	四男
稲本潤一	長男(姉がいる)
遠藤保仁	三男
中村憲剛	長男(姉がいる)
松井大輔	長男(姉がいる)
阿部勇樹	次男
長谷部誠	長男(姉がいる)
本田圭佑	次男
FW	
玉田圭司	次男
大久保嘉人	長男(姉がいる)
矢野貴章	次男
岡崎慎司	次男
森本貴幸	次男

「高体連」と「高野連」の違い

なぜ、高校野球だけNHKで全試合テレビ中継されるのだろうか？

それは「高野連」こと、日本高等学校野球連盟が管轄《かんかつ》し、さらに朝日新聞とNHKがタッグを組んでいるからだ。野球以外の種目は「高体連」こと、全国高等学校体育連盟に所属し、高校総体（インターハイ）の出場を目指す。

高校野球は、1915年に朝日新聞が「野球を通じて青少年の心身を鍛《きた》え、人間形成の助けとする」というスローガンを掲《かか》げ、全国中等学校優勝野球大会として開催したところから始まる。その後、戦争で一時中断となり、1948年に全国高等学校野球選手権大会として再スタートを切ることになった。この前年に全国高等学校野球連盟が生まれ、1963年に日本高等学校野球連盟に改称した。

戦後の乱れた日本で、青少年が道を踏《ふ》み外さないようにするために、スポーツで心身を鍛えることを目的とした。つまり、野球でエンジョイする単なる遊びとしたスポーツではなく、野球で人間形成を求めるなど、教育的な色が強かったといえよう。だから、高校野球はスポーツ観戦とはいえ、青少年の「物語」が求められる。補欠の生徒も美しい、とされるのだ。

高体連は１９４８年に発足。高校の体育や部活動は、生涯《しょうがい》スポーツの基礎《きそ》作りを目的に設立された。

先に、高野連ができていたとはいえ、未《いま》だに種目によって管轄が違うのはいかがなものだろうか。なぜ合併《がっぺい》しないのだろうか。同じ学校で、同じ教室で勉強している生徒たちが、入る部活動によって受ける恩恵《おんけい》が違う。

野球部はよくて、他の部はダメ。そうやって種目によってルールが違うから、種目文化が生まれ、互いにライバル意識が生まれる。例えば、校庭や体育館の奪い合いとかね。

野球部の子だって、サッカーをやればいいし、バスケットボールやバレーボールもプレーすればいい。何か一つに絞《しぼ》る必要は全くないのに。１種目しかやらないから「自分さえよければいい」と、自分の種目についてしか考えなくなる。

スポーツで、野球とサッカーの両方をプレーする人、プレーまでいかなくとも、両方を応援する人が少ないのは1種目しかやらないからだろう。

教育で公立と私立が同じルールでないのは差別ではないのか？

全国高校サッカー選手権大会の優勝校は、「4000校の頂点」とか言うけれど、本当にそうだろうか。

私立の学校はスポーツ推薦《すいせん》の特待生枠《わく》で有能な選手を獲得《かくとく》している。公立のように学力試験で入学したわけじゃない。もちろん公立高校でも毎年出場するような強《きょう》豪校《ごうこう》ならば、有能な選手を入学させるためにその地域に引《ひ》っ越《こ》しをさせ、わざわざ住民票を移すこともある。選手名鑑《めいかん》で出身地を確認したら、地元の子はほとんどいないなんてことも無きにしもあらずだ。

私立と公立、強豪校とその他の学校、選手獲得のルールが違うのに、同じステージでプレーするのは、差別ではないだろうか。

例えば、東京六大学野球。早稲田《わせだ》大学、慶應義塾《けいおうぎじゅく》大学、明治大学、法政大学、立教大学と東京大学。この中で、国立大学なのは東京大学だけ。六大学は、一般入試で入学するのが難しい、偏差値《へんさち》の高い大学だ。だけど私立大学は、スポーツ推薦で有能な選手を獲得しているから、学力がなくても入学できる。一方で、国立の東京大学は学力試験の真っ向勝負で入学した人たちだけ（ほんの一部、推薦入試の子もいるが）。

本来、進学校の学生はスポーツができないものだ。だって他の人たちが、スポーツに勤《いそ》しんでいる間に、一生懸命《いっしょうけんめい》勉強していたんだから。もしかしたらスポーツは苦手だから、勉強を頑張ったのかもしれない。だから東大が勝つと新聞1面のニュースになる。

日本は、よくアフリカなどの発展途上国《とじょうこく》の子どもたちにピカピカのサッカーボールを寄付するけれども、彼らに与えなくてはいけないのは学校。ボールを与えるのは、進学校の勉強ばっかりしている生徒たち。それぐらい進学校には、ハンディキャップがあるものなのに、勝つための学校と勉強するための学校が同じリーグで闘《たたか》うのは、平等だろうか？

指導者にも私立と公立で差がある。私立の学校は顧問の転勤がない。だから長年教えられて、素人だった顧問もプロの指導者のように成長していく。その名物監督が他校に引き抜かれたり、定年退職になったりすると、急に弱くなる学校は数えきれないほどある。

一方、公立の学校だと転勤はつきものだ。名物監督が転勤したら、生徒も一緒になって転校することもある。ただし、東京都の公立中学校では、顧問である教師の異動によって毎年３００以上の部が廃部になっているそうだ。それに、顧問にとっても転勤先である学校の部活動に教えていた種目がなかったりする。

とはいえ、もし私立がスポーツの強化を止《や》めたら、なかなか強い選手は育たなくなるだろう。なぜなら、学校を管轄している文部科学省はスポーツを強化する機関ではないからだ。私立のほうが、いい施設やいい人材、いい選手を集めて育成している。

なんせ私立校はビジネスだから、優秀な選手は広告塔《とう》になる。一方で、財源確保のためにも補欠の選手もウェルカム。私立校のおかげで選手は育っているけれども、補欠をたくさん生み出しているという、歯がゆい状況でもある。

種目によって異なる特待生制度

私立学校のビジネスの一つとして、特待生制度も挙げられる。特待生制度とは、入学時または在学中に、学業やスポーツで優秀な成績をおさめた生徒に対し、入学金免除《めんじょ》や、授業料を一部免除、全額免除をするというもの。奨学金とは異なるので、経済的に余裕《よゆう》のある家庭の子でも対象になる。

とはいえ、特待生の親ほど自営業だったり、後援会《こうえんかい》の会長だったり、お金持ちの家庭がなっているケースが多いと、僕は感じる。何か裏があるのではないだろうか？

これは、あくまでも僕の推測。だけど、素質があるのに経済的に余裕のない家庭の子どもたちに特待生制度が使われてほしい、と願う。

ちなみに、野球は一時期、特待生問題が発覚し、メディアでも報道された。というのも、日本学生野球憲章13条で「野球部員であることを理由として支給される学費などの授受」を禁じていたからだ。つまり、野球による特待生を作ってはいけないのだ。にもかかわらず、蓋《ふた》を開けてみれば、376校で7971人もの特待生がいた。

その後、免除されるのは入学金と授業料のみ、1校につき5名まで、学業は一般生徒と同水準といった特待生制度のルールができた。でも他の種目に関しては知らんふり。同様のことをやっているのに。高野連と高体連で管轄が違うから、野球だけルールができたのだろう。

また、高校野球の場合は、将来有望な中学生の選手を、他県から集める「野球留学」も問題視されている。だけど、他のスポーツでは当たり前にやっていること。何度も書くように、同じ教育という現場で、種目によってルールが異なるのはいかがなものだろうか。これは差別ではないのか？

スポーツに学歴は必要か？

日本だと選手名鑑のプロフィールに最終出身校が記載される。これも、日本独特の文化。だってネイマールやメッシ、マラドーナの学歴を知っているだろうか？海外のプログラムでは一切見たことがない。

いまドイツのマインツに所属する武藤嘉紀《むとうよしのり》も、学生だったときは「現役の慶應大生」といちいち紹介されていたが、あれが慶應大学ではなく、他の大学だったら大して騒がれてはいないだろう。

もし「現役の大学生」と大学名を隠《かく》していたら、「どこの大学ですか？」と確認されていたことでしょう。残念ながら体育大学では看板にならない。これが日本の学歴社会だ。

もちろん一般入試で大学に入学したJリーガーもゼロではないが、ほとんどがスポーツ推薦、それでいて特待生という事実。だから、一般入試で入学した選手は「一般入試で〇〇大学に入学」と、わざわざ紹介されているよ（笑）。

最近は、中学までJリーグチームの下部組織であるユースに行き、その実績で、高校はスポーツ推薦で入学。今度は高校のサッカー部でプレーする。それで素質があればJリーグから声がかかるし、声がかからなかったらスポーツ推薦で大学へ進学する。このような流れが増えてきたように感じる。

一方、ヨーロッパやブラジルなどでは、むしろ学校に行っていない子が選手になっている。

なぜスポーツ選手になるのに学歴が必要なのだろうか。それは、日本の学歴社会では、プロになれなかったときに、大学卒業をしていないと就職するのが困難だからだ。学歴もなく、スポーツしかやってこなかったら知識も乏《とぼ》しく、「スポーツバカ」「運動バカ」のような扱いを受けるかもしれない。

高校のスポーツ推薦をもらうためには、ある程度の実績がないと推薦書が書けないから、そのためにも中学まではJリーグのクラブチームの下部組織に入団させたがる。推薦枠をお金で買っているようなものだ。

もちろんそれは悪いことではない。学歴社会で生きていくためにはむしろ賢《かしこ》い方法かもしれない。プロの選手になれたって、高卒より大卒の選手のほうが、給料が高いことだってある。三浦知良は、静岡学園高校を中退してブラジルに渡《わた》っているから、もしプロになっていなかったら、どうしていたのだろうか。

ただ、推薦枠を狙《ねら》うコースを歩むには、お金がかかる。僕は、日本のスポーツを強くするためには学歴との切り離《はな》しが必要だと思っている。なぜならスポーツが誰でもできるポピュラーなものにならなかったら、文化にはならないからだ。

実際、プロスポーツ選手の家庭の多くは自営業者だと思う。統計をとったわけではないから、例えば9割は言い過ぎかもしれないが、それほど自営業者の家庭の子は多い。お金に余裕があるのもしかり、「家業を継げばいい」という保証がなければ、就職が困難な日本では、スポーツを続けられないかもしれない。

でも本来、スポーツはお金持ちのためだけのものではない。そういう意味では、国技といわれている相撲《すもう》は文化だといえる。エリート大学出身の人はいないし、まして高校にも進学していない人もいる。サッカーも学歴を捨てたら文化になるのではないか。

日本が「ユニバーシアード競技大会」だけ強い理由

日本は、国際大学スポーツ連盟（FISU）が主催《しゅさい》するユニバーシアード競技大会、いわば「学生のためのオリンピック」では、好成績を残している。

2015年に開催された光州ユニバーシアードでは、金メダルを過去最多の25個も獲《と》った。銀メダルも25個、銅が35個と、全部で85個のメダルを獲得し、メダル獲得数ランキングは3位だった。

ちなみに１位はロシア、２位が韓国。オリンピックで、メダル獲得数ランキングで上位にランクインする欧米《おうべい》ではない。

それはなぜか。まず、そもそも大学の進学の仕方が日本とは違う。日本は、高校卒業後の18歳で進学するのに対し、他国では社会人になってからキャリアアップのために通ったりする。だから入学平均年齢が20代後半～30代である。それでいてユニバーシアードは、出場資格が17歳以上28歳未満と決められているので、参加できる選手が絞《しぼ》られてしまう。

あと他国の場合、地域でスポーツをするから、大学の部活動ではスポーツをやらない。

それに日本は大学を卒業するのが簡単。大卒だからってエリートではない。スポーツ推薦で入学した学生なら、なおさらだ。授業も大して出ていないだろうし、テストの代わりにレポート提出で済まされたり、試合に勝ったことで単位をもらえたりもするらしい。

スポーツだけをやっていれば卒業できる日本の環境に対して、欧米は卒業するのが難しい。仮にスポーツをやっていたとしても、勉強にも時間を割《さ》いているので、日本とは大きく異なる。だからユニバーシアード競技大会は、日本は強い。

しかし、こんなにメダルを獲得しているにもかかわらず、全然マスコミに扱ってもらえないし、どこで開催されているかも一般市民には知られていない。各種目のファンたちがチェックしているぐらいだろう。

お金にならないものはマスコミや企業は興味なし。それが日本。ユニバーシアードもマスコミは取り上げるべきだと思うし、ユニバーシアードだけ強くても、日本全体のスポーツの底力を上げることにはならない。

どのスポーツ大会でも国民が興味を持って応援することで、日本のスポーツに対する知識は増えると思う。

第4章
子どもがスポーツをすることで成長するのは「親」

What a child grows
by playing sports is “parents”

デジタル社会だからこそ、スポーツで交流する意味がある

デジタル社会で、世の中が便利になるにつれ、人との交流が少なくなった。なぜなら人とかかわると効率が悪いから。

例えばコンビニ。一言もしゃべらなくても買い物ができるし、滞在《たいざい》時間は1分にも満たない。コンビニがなかった時代は、お店の人に「いくらですか?」という会話をしないと買えなかったが、今はコンビニまで行かなくてもネットスーパーを使えば、もはや外出せずに買い物ができる。

部屋に引きこもる子どもは、昔よりも増えたのではないだろうか。子どもだけでなく、引きこもる大人も多いだろうね。だってインターネットさえあれば、部屋に1人でいても楽しいから。インターネットがこんなに普及《ふきゅう》する前は、何もないから、部屋にこもっているのはかえって監禁《かんきん》されている気分だった。

最近は、子どもが泣きじゃくったらスマホやタブレットをそっと渡《わた》す親も増えて

きた。すると子どもは泣き止《や》んで、夢中になってデジタル機器をいじる。親も、他人に迷惑《めいわく》をかけなくて済むからと、ひと安心する。とても便利なおもちゃだ。だけど、スマホを無心でいじる子どもと、その親の間に会話が生まれないのは大問題。どれだけ社会を観察して、自分の世界を広げられるか。精神の成長に大事な過程が、スマホに奪《うば》われている。

そんな今だからこそ、よりスポーツをやる必要性を感じる。スポーツをすることで人脈が広がって、友だちができる。

「旅は人を磨《みが》く」と言うけれど、それはいろんな人と出会うからだ。そして様々な価値観を知ることで自分に幅《はば》ができ、それが魅力《みりょく》となってくる。スポーツは旅と同じように、多くの人と出会える。

それからスポーツをするとケガをする。親は子どもにケガをさせたくないあまりに、子どもが走ったりして、ちょっとでも危険だと察すれば注意してしまう。でも、かすり傷ぐらいならしたほうがいい。対戦相手とぶつかって、転べば血が出る。痛くて、我慢《がまん》できずに泣いてしまうかもしれない。でも、そうやって痛いという感覚を学ぶことも大切。駅で歩きスマホしてぶつかって転ぶのとはワケが違《ちが》う。そこに温《ぬく》もりがある。いじめや体罰《たいばつ》にはない、痛みに温もりがある。

デジタル社会で人と接する機会が減り、親のしつけで、子どもはそうそうケガをすることもなくなってきた。そんな今だからこそ、昔より親が企画《きかく》してスポーツをやらせないといけない。人と触《ふ》れあい、ケガをすれば血が出て痛いということを、スポーツを通じて体で覚えさせていく。

母親は、今はモンスターではなく「ガキ大将」

サッカー教室をやっていると、子どもだけでなくお母さんたちにも変化が起こったと感じている。学校に理不尽《りふじん》なことを要求したり、過度な苦情を訴《うった》えたりする親を「モンスターペアレント」と言うが、僕は「モンスター」という表現はよくないと思う。そうではなくて、親は「ガキ大将」になったと思っている（笑）。

自分の子どもがかわいいあまりに全部仕切っちゃう。サッカー教室だって、見学しているかと思えば「もっと走れ！」と監督《かんとく》のように大声で指示を出している。子どもも困っちゃうよね、だからガキ大将。

習慣として変わったのは、写真交換会《こうかんかい》がなくなったこと。

一昔前は、他の子どもも撮影《さつえい》して、焼き増しをして回していた。だけどカメラ機能搭載《とうさい》の携帯電話が普及して、いつでもどこでもかわいい自分の子だけを撮影するようになった。だからもう焼き増しして、配る必要がない。あれは親同士の大事な触れあいだったのにね。今は自分のためだけで、交流が生まれない。

他人の子どもは関知せず。もはや、かわいい我が子のライバルかもしれない。親は自分の子どもではなく、他の子どもと仲良くするのが重要。そうして、我が子と適度な距離《きょり》をとり、子どもにとっていい上司のように振《ふ》る舞《ま》わないとならない。

お母さんたちも家事が大変だとはいえ、すべて全自動の時代。便利グッズだって数えきれないほど開発されている。以前よりずっと楽になったはずだ。だから手の空いた夜や休日は子どもの面倒《めんどう》を見たくてしょうがない。その代わり、自分が仕事で家にいない間は、部活動や習い事などをさせ面倒を見てもらっている。要は、学校や習い事にベビーシッター的役割を求めている。

最近の子どもは大変だよ。放課後はサッカーに塾《じゅく》に英語教室など週5日予定が入っていて、帰宅すれば宿題をさせられる。休日は、サッカーの試合。昔みたく、のんびりする時間やぼーっとする時間がない。

大人と子どもが触れあう、社会教育の重要性

子どもの習い事で、武道の人気が高まっているらしい。どうも補欠がないことと、「礼に始まり礼で終わる」精神で、礼儀《れいぎ》が身につけられる。やはり補欠に悩《なや》む親は、個人競技をさせたいのだろう。それ自体はよいと思うが、ただ気になるのは、礼儀が身につくからという理由。本当にそうだろうか？

サッカーでも、試合前にハーフウェーラインまで行き、対戦相手に大声で「お願

いします」とおじぎをする。試合後はベンチに挨拶《あいさつ》に行く。しかし、大人に指示されたから礼をしているだけで、なぜそれをやっているのか本質を理解していない。だから、しまいには誰《だれ》もいない後援会のテントに向かって礼をする。

僕《ぼく》はこの光景に驚《おどろ》いた。そもそも、一体相手に何をお願いするというのだろうか？

ブラジルでは対戦相手に挨拶するところを見たことがない。日本でも、Jリーグでは誰もやっていない。Jリーグどころか、W杯もオリンピックでもやっていない。なのに、大人たちは「礼儀」として教える。

挨拶する子どもたちも「なぜやるのか」を考えることはしない。それは想像力に欠け、こなし上手になっているだけだと思う。大人に怒られないように、顔色をうかがいながら行動しているだけ。したがって、武道をやれば礼儀が身につくかどうかは、甚《はなは》だ疑問だ。

プロの場合は対戦相手ではなく、サポーターに向かって礼をする。大人になってもやらないことを、なぜ学校では強制的に教えるのだろうか。大声で挨拶するように教えるけれども、社会に出て大声で挨拶したら「うるさい」って言われるよ（笑）。大人になっても使えるものを教えないと、ますます部活動は軍隊のように感じる。そんなうわべの礼儀よりも、大人と子どもが触れあう社会教育のほうが重要だと思う。

僕の恩師は「社会」だと思っている。大勢の大人と子どもが集まってプレーして育ったから、誰がサッカーを教えてくれたかわからない。親以外の大人も、多くのことを教えてくれた。

近年は、よその子どもを注意できなくなってしまった。その代わり、自分の子どもに「あの子のところには遊びに行くな」「あの子は家に連れて来るな」と親の都合で指示していく。もっと社会全体で子どもを育てていったほうがいいと感じるね。

種目を絞るのは、子どものためにならない

「子どもが補欠で、試合に出られない姿を見ているのが辛《つら》い。どうしたらいいのでしょう？」という相談を、親御《おやご》さんからたびたび受ける。インターネットにも、同様の書き込《こ》みが多いそうだ。

僕は、種目を絞《しぼ》らずに何でもやらせてみればいいと答える。「やる限りは日本一を目指す」と、１つの種目をガッツリやらせなくていい。もし向いてなかったら、他の種目を体験させて、その子に向いているものを見つけてあげましょう。種目を絞るのは、子どものためにならない。

例えば、２０１５年の甲子園をにぎわせた早稲田《わせだ》実業の清宮幸太郎《きよみやこうたろう》くん。彼は、「幼いうちはいろんなスポーツを経験させたほうがいい」というご両親の考えのもと、ラグビーや水泳、テニス、陸上、スキー、相撲《すもう》などをプレーしてきた。様々なスポーツをやると、体のあらゆる筋肉が発達する。一部の筋肉だけが発達するということはない。

僕のかかわっているアイスホッケーの選手も、シーズンオフのときはフットサルなど、他の種目で体を動かしている。僕も一緒に混ざってプレーする。

そういえば、過去にはH．C．栃木《とちぎ》日光アイスバックスの選手を、同じ栃木県で開催《かいさい》されたサッカー教室に参加させることがあった。「お兄さんたちは、アイスホッケーは上手だけれど、サッカーは下手くそだからやっちまえ！」なんて子どもを煽《あお》ると、大喜びだった。アイスホッケー選手とサッカーをプレーするなんて滅多《めった》にないことだから、子どもたちの記憶《きおく》にいつまでも残るだろうし、きっとアイスホッケーにも興味を持ってくれたと思う。

あとはスピードスケートの選手が夏季の間のトレーニングとして、自転車競技をやることがある。スケート選手引退後に自転車の選手に転向するケースも多い。使う筋肉が似ているからという理由もあるし、練習場所のリンクは限られていることもあるので、自転車でトレーニングするそうだ。今は参議院議員を務めている橋本聖子さんは、過去にスピードスケートと自転車の2種目で、冬季と夏季のオリンピックに出場した。

このように、子どもの頃《ころ》から何でも体験させておけば、将来の選択肢《せんたくし》が増えるだろう。それが結果的に子どものためになる。

いろんな種目を知っていれば、将来役立つ

もしプロのスポーツ選手にならなかったときでも、いろんな種目を経験しているほうが、社会人になったときに絶対に得をする。

仮に将来、営業職に勤めることになったら、いろんな話ができる人のほうがいい。もしクライアントが野球好きだったら？　多くの人は、自分がやってきた種目以外は専門外だから、サッカーしかやってこなかったら、野球の話を振られても対応できない。お客さんに合わせて野球の話もサッカーの話もできたら、営業成績はトップになるかもしれない。

僕がアイスホッケーのシニアディレクターをしていると言うと、「え？　サッカーだけじゃないんですか？」と驚かれるけど、１種目にしかかかわってはいけない

法律なんてない。たしかに、それまではアイスホッケーの経験はない。だけど、2種目の現場に立ち続けてきたから、僕はサッカーの話もできるし、アイスホッケーの話もできる。

子どもの頃から、いろいろと経験させることは大事。サッカーも野球も、アイスホッケーも全部詳《くわ》しくなればいい。大人になってから、一から勉強するのは大変なことぐらいご存じでしょう？

全員が全員プロになるわけではないから、補欠で暇《ひま》を持てあましているなら、他の種目をやらせたほうがいい。そしたらそこで才能が開花するかもしれないし、他の種目で学んだことが今の種目に生きることもある。

さらに言えば、学生時代に部活動ばかりやってこなかった人のほうが、のちのち人生でうまくいくパターンもある。例えば、アルバイトをしたり、大学でサークルに入ってメンバーと旅行に行ったり。あらゆることを経験してきた学生のほうが、自身の得意とすることを把握《はあく》しているし、世の中をうまく渡り歩く。

部活動一筋だった「体育会系」と呼ばれる人たちは、スポーツしかできなくて、社会に出たら世間知らず扱《あつか》いされるってことも往々にしてある。補欠でくすぶっているならば、それはそれでチャンスだと思い、さまざまな種目を経験させたり、スポーツ以外のことを体験させたりしたほうがよい。

さまざまな種目の知識を身につける場を設けよう

「何でもやらせる」と言っても、子どもは世の中にどんなものがあるのか知らない。例えるなら、味覚。味覚は小さい頃からまんべんなく、いろんな味を体験させることで舌が肥え、何でも食べられるようになる。そうしないと偏食《へんしょく》になってしまう。親がいろいろ体験させないと、子どもが興味を持つはずがない。

体育の授業で行う種目は、学習指導要領で定められているけれども、球技のどの種目を行うかまでは決められていない。だから生徒の人数や先生の指導によって、プレーする種目は変わってくる。今の日本では、スポーツを行うのは体育の授業しかない。だから体育でやらない種目は、子どもたちは知らない可能性がある。親が、さまざまな種目の知識を身につける場を設け、子どもの興味関心を引き出してみるといいよね。何も難しく考える必要はない。テレビ中継されているスポーツを見せたり、実際に競技場などに足を運んだりすればいい。それこそ、オリンピックや国体を家族で楽しみましょうよ。スポーツ観戦は、年齢を問わず楽しめるので、家族そろって見れば共通の話題としてコミュニケーションツールにもなる。

もし子どもが憧《あこが》れる選手を見つけたら、練習を観《み》に行ったり、イベントに連れて行ったりしてみたらいい。運がよければ、サインがもらえるかもしれない。選手に頭をぽんっと叩《たた》かれて「練習頑張《がんば》れよ！」なんて言われたら、もう大変。子どもは興奮して、今まで以上に夢中になって励《はげ》むようになる。

あと毎試合来るようなサポーターは、大抵《たいてい》の場合、毎回同じ席で観戦している。その場所を確保したいから、開門したら、その席に向かって走りだすの（笑）。最初は話すことはなくても、ゴールが決まったり、勝ったりすれば、前後左右に座っているサポーターとハイタッチ。そうして、徐々《じょじょ》にコミュニティーができてくる。

仕事や学校とは違う、地域のコミュニティーが生まれれば人脈も広がる。輪が大きくなれば、家族ぐるみの付き合いになる。子どもも、親とは違う大人と接することで社交的に育つかもしれない。これがスポーツを観戦する醍醐味《だいごみ》でもあるし、観戦文化というものだ。

第5章
本当の
プロスポーツ
選手とは

What is a real professional athlete

Jリーガーは夢がないのか？

ここまで、子どもの世界における補欠制度が日本のスポーツが強くならない根本の原因であること、プロの世界が強くならない理由にはメディアの報道の仕方などが関係すること、子どもの育て方などを書いてきた。

第5章では、僕《ぼく》がかかわっているサッカーとアイスホッケーを通して、本当のプロスポーツ選手について説明していきたい。

まず、サッカーのJリーガーには、A・B・Cと3つの契約《けいやく》ランクがある。新卒で入団した場合、基本はC契約からスタートし、年俸《ねんぽう》の上限は480万円と決まっている。在籍《ざいせき》期間は3年までで、その間にJ1で450分、J2で900分出場してランクアップしなくてはならない。

せっかく高卒でプロになっても出場機会に恵《めぐ》まれず、サッカー選手を辞《や》め大学に入りなおす人もいる。ちなみにB契約の年俸上限も480万円。その代わり、出場ノルマは設けられていない。

Ｊリーガーの平均年俸は２０００万円程度といわれている。しかしこれは、あくまでも平均。トップで活躍するレベルの選手は、年俸1億円を超《こ》えているので、彼らが平均値を高くしている。実際には平均の２０００万円ももらえていない選手がほとんどだ。

トッププレイヤーも1億円を超えているとはいえ、野球と比べると年俸は低い。ちなみに、推定年俸だが、２０１６年のＪリーグ選手で一番もらっているのは、ガンバ大阪《おおさか》のＭＦ遠藤保仁《えんどうやすひと》だといわれている。

最近は、30代後半のサッカー選手も増え、「40歳までやりたい」と目標に掲《かか》げる声もちらほら聞く。三浦知良《みうらかずよし》に限って言えば、来年で50歳だ。それでも、Ｊリーガーの平均引退年齢《ねんれい》は、26歳《さい》程度だといわれている。

年齢により勇退する選手もいれば、所属チームがなくなって引退する場合もあるし、夢に描《えが》いていたように活躍《かつやく》できず、今ならまだ人生のやり直しがきくと、あえて企業《きぎょう》への就職の道を目指し、引退する者もいる。

一時期、Jリーガーのセカンドキャリアが問題となり、2000年代前半に「Jリーグ　キャリアサポートセンター」ができた。引退してしまった選手を受け入れる企業を探したり、カウンセリングや資格のサポートをしたりしていた。しかし、その組織はいつしか解体してしまった。今は、エージェントもセカンドキャリアの斡旋《あっせん》をしているようだが。

僕が思うに、Jリーガーとはいえ、所属チームがなくなりプレーできなくなったら、自分で事業を始めるか、ハローワークに行って職を見つければいい。わざわざ組織を作ってまで面倒《めんどう》を見る必要はないということだ。

Jリーガーになったのに、年俸は低いし、引退後の人生は自己責任だなんて、なんとも夢のない話に感じるかもしれない。

今のプロサッカー選手は、引退後のことを何も考えていない

Jリーガーは給料が少ないとはいえ、高校を卒業した途端《とたん》、毎月30万〜40万円程度はもらうわけだ。今までサッカーばかりで、アルバイトもやってこなかったような子たちが急にお金を持つと、人生が狂ってしまうことがある。使い道を知らないし、この生活がずっと続くという錯覚《さっかく》に陥《おちい》ってしまうからだ。

一般的に、高校を卒業して企業に就職したら、給料は20万円ももらえないだろう。それが大して試合に出場もしていないのに、平均の倍近くの給料がもらえるとなると、金銭感覚がおかしくなってしまうのも無理はない。

しかも練習量は、高校の部活動に比べればはるかにラク。お金ももらえて、ラクな生活が手に入ったら、もうウハウハだよね。そんなサッカー選手のなかには高級車や高級時計、高級なカバンを買うなど贅沢《ぜいたく》な暮らしをして、狭《せま》い世界で終わってしまう人がいる。だから引退後は路頭に迷う。余計なお世話だが、お金を使うなら不動産を買ったほうがのちのち助かるのに……。

引退してから、これからどうしようと人生設計をするのではなく、プロのときから考えて行動に移さなきゃ。

僕は、給料は借金に例えるべきだと考える。年俸1000万円だとしたら、これは1000万円をクラブから借金していると考え、それを返済するように全力でプレーする。返済できれば、翌年はもっと高額のお金を借りられるようになる。でも返済できなければ、お金を貸してくれるところはない。つまり戦力外となる。

プロは、いいプレーができないと解雇《かいこ》されてしまう厳しい世界だ。あんなに応援《おうえん》してくれていたサポーターも、引退後は他の選手を応援しはじめる。そんなことは最初からわかっていたはずなのに、今まで光が当たっていた選手たちは「捨てられた、裏切られた」と落胆《らくたん》してしまう。

でもそうじゃない。「借金を返せなかったから、お金を借りられなくなった」、そう考えれば、贅沢な暮らしをしている場合ではないことに気がつくだろう。練習や試合以外の時間の使い方をちゃんと考えれば、有意義な時間を過ごせるはずだ。そういう意味でしっかりやってきたのは中田英寿《ひでとし》ぐらいかな。

Jリーガーに限らず、海外にもサッカーを辞《や》めてから、どん底に落ちるスーパースターはたくさんいる。もちろん野球など他のスポーツにもいる。多額の負債《ふさい》を抱《かか》えたり、覚《かく》せい剤《ざい》に溺《おぼ》れて逮捕《たいほ》されたりするケースは多い。そんな元スターの姿をサポーターたちは見たくない。

こんな暗い話ばかりしちゃうと、「スポーツ選手にはなりたくない」、「子どもにはなってほしくない」と思う人が増えてしまうかもしれないが、これは現実問題として受け止めなくてはならない。

僕がアイスホッケーチームのシニアディレクターになったわけ

「Jリーグはプロスポーツではなく、企業スポーツ体質だ」と意見してきたが、では「じゃあプロスポーツとは何？」と思っている読者も多いだろう。僕がかかわっているH．C．栃木《とちぎ》日光アイスバックスを例に、プロスポーツについて説明したい。

H．C．栃木日光アイスバックスは、国内アイスホッケーチームの中で、唯一《ゆいいつ》のプロチームだ。他の日本製紙クレインズ、王子イーグルス、東北フリーブレイズの3チームは企業スポーツであり、企業の予算内で運営している。選手は契約選手と、引退後はその企業の社員になれる選手と2パターンいる。H．C．栃木日光アイスバックスの場合は、プロチームだから、引退後はどこかの会社の社員になれるという保証はない。ただ、これは野球もサッカーも同じこと。ちなみに、この4チーム間で選手の移籍《いせき》があったとしても、企業スポーツチームが含《ふく》まれているので、移籍金などは発生しない。

僕が、なぜアイスホッケーチームのシニアディレクターになったのか。それは、「廃部《はいぶ》になったら、みんなに会えなくなっちゃう」という、サポーターの声があったからだ。この言葉が僕を動かした。

1925年に創設された古河電工アイスホッケー部が前身で、日本最古のアイスホッケーチームだった。それが経営悪化に伴《ともな》い廃部となり、1999年に市民クラブとして生まれ変わった。

とはいえ、チームを運営するには、当たり前だが資金が必要。最初は古河電工や他企業からの支援《しえん》もあったが、翌年には使用していた「古河電工アイスリンク」が閉鎖《へいさ》。事実上、古河電工の支援が打ち切りとなった。

僕が初めてアイスバックスの試合を観戦したのは、2002年。ちょうどサッカー日韓《にっかん》W杯《ワールドカップ》があった年だ。コラムニストのえのきどいちろう氏に誘《さそ》われて、ホームリンクの「霧降《きりふり》アイスアリーナ」に出かけたのが始まりだった。格闘技《かくとうぎ》のように体をぶつけ合うと同時に、目を離《はな》す隙《すき》もないほど素早く動くプレーに圧倒《あっとう》された。試合後は選手たちが集まる中華《ちゅうか》料理屋に行って、一緒《いっしょ》に乾杯《かんぱい》をした。

こうして試合に足を運ぶようになったものの、チームは相変わらず経営難。古河電工の支援がなくなったあとも、他企業や自治体から支援をしてもらっていたが、選手への給料が遅れることもあり、それに嫌気《いやけ》が差してチームから出ていってしまう選手もいた。スポンサー企業の都合で、チーム名がたびたび変更《へんこう》されることもあった。

せっかく市民クラブとして立ち上げても、2003年のシーズンまで、日本リーグは5シーズン連続の最下位だった。そんなときに、サポーターから先ほどの「廃部になったら、みんなに会えなくなっちゃう」という声が届いた。

地域の人たちにとって、H．C．栃木日光アイスバックスはコミュニティーであり、大事な居場所。それがスポーツ本来の姿だと思った。勝った、負けた、優勝しただけじゃなくて、この競技をやるおかげでみんながスタンドに来て、仲間たちに会えるということ。地域密着しているのが魅力的《みりょくてき》だった。Jリーグは地域密着のプロリーグといっても、企業スポーツのようなもの。W杯も開催されて、どこかキレイにまとまってしまった日本サッカー界にはないものを感じ取った。

そして2007年に、株式会社栃木ユナイテッドを立ち上げ、代表取締役《とりしまりやく》としてアイスバックスの経営を引き継《つ》いだ。僕はシニアディレクターとして、技術的なことは言わないが選手のモチベーションを上げる役割と、宣伝役を担《にな》った。広告塔《とう》としてテレビなどに出演すれば、H.C.栃木日光アイスバックスのアピールをする。

地域密着のプロスポーツとは

H.C.栃木日光アイスバックスは、特定の親会社がいないから入場料や売店の売り上げ、寄付金、地域にあるスポンサーの広告収入などで運営している。

プロチームとして、近年やっと黒字運営できるようになったけれども、給料は野球やサッカーなどに比べると、ほんのわずか。だからオフシーズンは、アルバイトなどをしている選手もいる。外部からイベント出演やスクールなどを依頼《いらい》されれば、その収入も選手へ渡《わた》している。

地域に密着させるために、例えば、今日は県内にあるA社の冠《かんむり》試合にして、試合会場にはA社の看板などを設置する。試合後にはA社の社員がリンクに上がって、記念撮影《さつえい》をする。翌週はB社が冠、再来週はC社と、特定の企業に固定させない。

図10●日光アイスバックスの運営のしくみ

❶特定の親会社がない

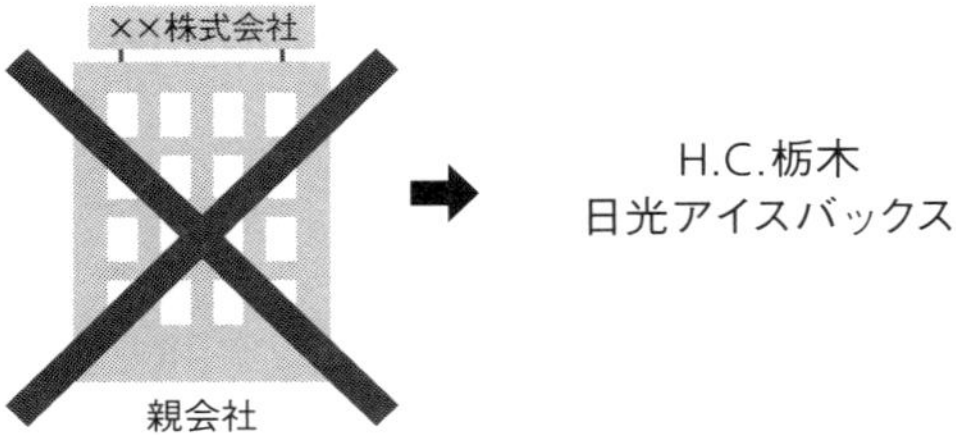

❷選手はオフシーズンにアルバイトなどをして稼いでいる

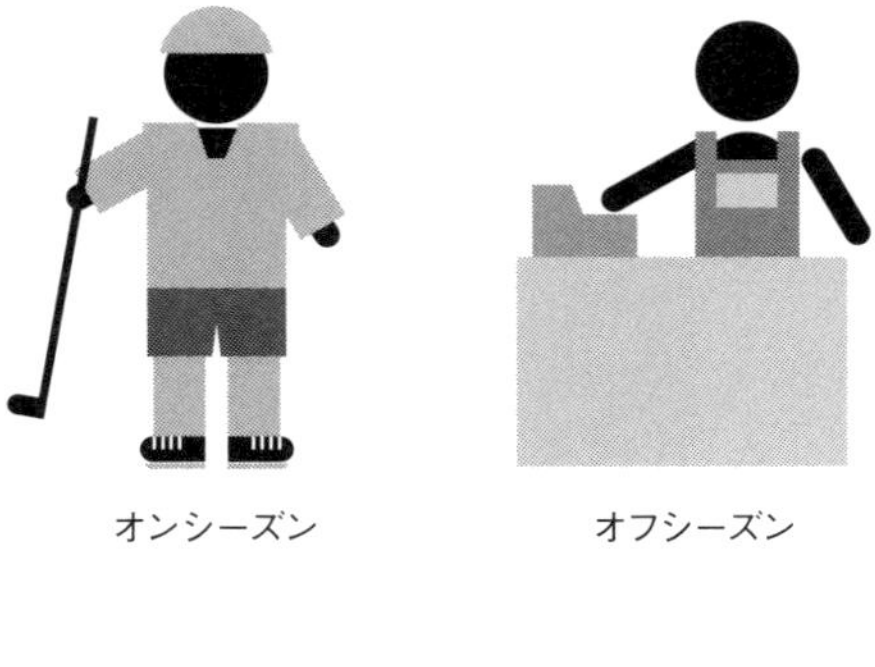

❸ 冠試合は日替わり

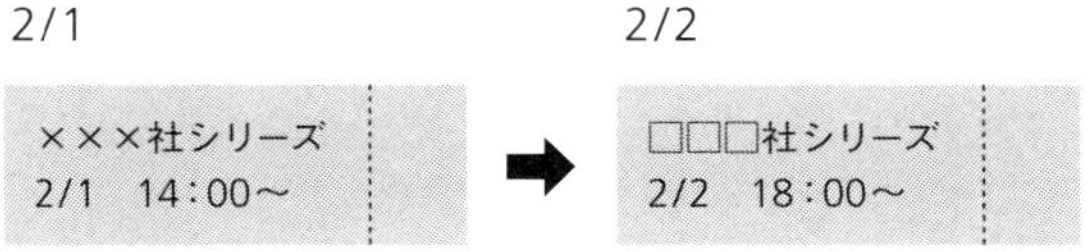

❹ 余ったお金は地域に還元

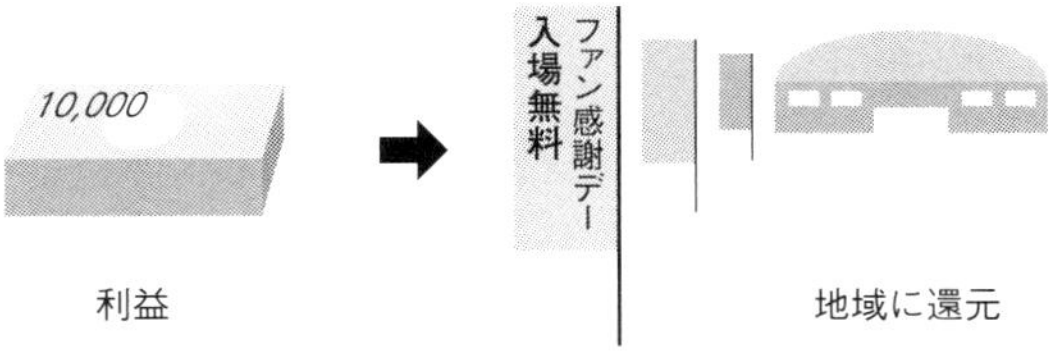

例えばJリーグだったら、ガンバ大阪はパナソニックだし、川崎《かわさき》フロンターレは富士通、横浜《よこはま》F・マリノスなら日産、名古屋グランパスならトヨタ。そうやって特定の親会社とチームを結び付けない。大口でも小口でも、みんな平等に扱《あつか》うことで、地域に密着していく。

試合当日の運営も、地元の学生がアルバイトで協力してくれたり、試合中に流す映像も、県内の会社が作ってくれたり。地域のみんなに支えられて今日までやってきている。こうして、日光にアイスホッケーの文化が根付いていく。

できれば、アリーナに「日光アイスバックスアリーナ」と名付けたいけれども、霧降アイスアリーナは県が所有していて、僕らは借りているだけ。だから、名前までは変えられない。

ちなみに、チームのマスコットキャラクター「しかっち」は、えのきどいちろう氏の知り合いであるリリー・フランキーさんが描《か》いてくれた。

多くの人に支えられているから、必要経費を除《のぞ》いて余ったお金は、何らかの形で地域に還元《かんげん》して、地域も豊かにさせる。これが、プロスポーツの本来のあるべき姿である。

それでも僕が「プロスポーツ選手」になるのを勧める理由

ここまで読んで「プロのスポーツ選手を目指すのは止《や》めよう」と思ってしまった人もいるだろう。それでも、僕はプロスポーツ選手になることを勧《すす》める。

なぜなら人脈が広げられるし、ある程度のステータスができれば、会いたいと思った人と会えるようになるからだ。それをチャンスとして利用したら、引退後の人生は豊かになる。

例えば、一般人が芸能人に会いたいと願っても、よほどのことがない限り会うことはできない。一方的に眺《なが》めるだけだ。でも、プロのスポーツ選手だったら？　一緒に仕事をすることだって可能だろう。芸能人に限らず、会社の経営者や文化人、もしかしたら海外のスターにだって会えるはずだ。

引退後、飲食店を始める選手が多いのは悪いとは言わないが、少し短絡的《たんらくてき》な印象を受ける。もっと何ができるのか考えれば、世の中に革命をもたらすようなビッグビジネスや社会貢献《こうけん》ができるかもしれない。

他のスポーツに転向することもありうる。浦和《うらわ》レッズに在籍していた堀之内聖《ほりのうちさとし》は、引退後は浦和レッズのスタッフとして第二の人生を歩むことになった。しかし2015年には、フットゴルフの日本代表に選ばれた。フットゴルフとは、簡単に言ってしまえば、サッカーボールを使ったゴルフのこと。2009年にオランダでルール化された、比較的《ひかくてき》新しいスポーツだ。

現役を引退したからって、何もスポーツを辞めることはない。他の種目にチェンジすることだってできる。自分の得意とする分野は何か、長所はどこか、自己分析《ぶんせき》をしつつ、新しいことに挑戦《ちょうせん》する。プロのスポーツ選手になれば、人生のチャンスがより広げられる。スポーツ選手になって、好きなスポーツでお金を稼《かせ》ぎ、引退後はその経験を活《い》かして、さらなる人生を歩んでもらいたい。

日本に感謝しているからこその辛口

今日まで、僕は日本のスポーツに対して辛口《からくち》で批判してきた。中には、「ブラジル国籍のあなたには関係ないでしょ」と思う人もいるかもしれない。だけど、僕がなぜここまで日本のスポーツに物申すかというと、日本に感謝しているからだ。

来日したとき、日系人とはいえ日本語が流暢《りゅうちょう》じゃなかった僕に、サッカーをする機会や、子どもたちにサッカーを教える機会を与えてくれた。

1993年にJリーグが誕生し、1998年に初めてW杯に出場した。そして2002年には日本と韓国の共同で、W杯も開催できた。だけど、そこからあまり進歩していないように感じているし、悪い方向に流れて行っている気がする。もっと強くなってほしい。その一心で批判してきた。

そのためにも子どもの世界では補欠制度がなくなり、多くの人がスポーツを楽しむ社会になることを願う。

おわりに

この本を読んだら、サッカーを辞《や》める子が増えてしまうのではないかという思いもあった。試合に出場できないにもかかわらずエントリーフィーを支払《しはら》うなど、今まで当たり前に受け入れていた補欠制度を問題視することになるからだ。でも、未来のためには言ったほうがいい、そう決意した。

やはり、補欠制度はおかしいし、廃止《はいし》すべきだ。僕《ぼく》と同じように考えている人は、共感するだけでなく、声をあげてくれればとも思う。

もし今、補欠でつまらない思いをしている子がいたら、そのスポーツを嫌《きら》いになる前に、他の種目を経験させてみたほうがいい。「補欠なのに頑張《がんば》っていて偉《えら》いね」と褒《ほ》めてはいけない。「こんな種目もあるよ、こんなこともあるよ」と、新しいことを紹介する立場でないといけない。そのためには日々アンテナを張っておくことだ。

また、この本が出版される頃《ころ》には、日本代表のキリンカップが開催《かいさい》され、9月からは2018年のロシアW杯《ワールドカップ》に向けたアジア最終予選が始まる。ぜひ、これからは少し厳しい目で選手たちを見てほしい。もし不満な試合展開だったり、出場を逃《のが》したりしたら、ちゃんとブーイングをするべきだ。「頑張ったからいい」を、プロの世界では通用させてはいけないし、「感動をありがとう」と言うのは、W杯で優勝してからだ。

テレビ観戦だけでなくスタジアムにも足を運んでほしいし、Jリーグにも目を向けてもらいたい。サッカーは、日本代表の試合のときだけ、渋谷《しぶや》のスクランブル交差点で大騒《おおさわ》ぎするためのものではない。そんなに人と触《ふ》れ合いたいなら、それこそ実際にスポーツをやるべきだ。

僕が理想とする未来――。それは、子どもたちの世界から補欠制度を廃止することであり、体を動かすことの楽しさを知り、週末は家族や友人たちとスポーツを観戦するようになることだ。スポーツが、決して体育や習い事の延長としてのものではなく、生活の一部になっているのが理想だ。

そんな風に、日本でもスポーツの文化が根付いていけば、どんどん強くなっていくだろうし、僕はそうなる未来を願っている。

セルジオ越後

本書は2016年6月に『補欠廃止論』として、ポプラ新書より刊行したものを、ルビを加え選書化したものになります。

★セルジオ越後（せるじお・えちご）
サッカー解説者。H.C.栃木日光アイスバックスシニアディレクター、日本アンプティサッカー協会スーパーバイザー。

1945年ブラジル・サンパウロ市生まれ。18歳でサンパウロの名門クラブ、コリンチャンスとプロ契約。1972年来日。藤和不動産サッカー部（現:湘南ベルマーレ）でゲームメーカーとして貢献。引退後、2006年に文部科学省生涯スポーツ功労者として表彰される。来日当時から少年サッカーの指導にも熱心で、1978年より（財）日本サッカー協会公認「さわやかサッカー教室」（現:アクエリアスサッカークリニック）の認定指導員として全国各地で青少年のサッカー指導にあたり、現在までに1000回以上の教室で延べ60万人以上の人々にサッカーの魅力を伝えてきた。2013年「日本におけるサッカーの普及」を評価され外務大臣表彰受賞。

また、2006年より、当時財政難で苦しんでいた日光神戸アイスバックス（現:H.C.栃木日光アイスバックス）のシニアディレクターに就任。同チームやアイスホッケーの発展にも貢献している。

※本書の内容は2016年5月現在のものです

未来へのトビラ
A Door to
the Future

ポプラ選書　未来へのトビラ
補欠廃止論

2018年4月　　第1刷発行

著者　セルジオ越後
発行者　長谷川 均
編集　大塩大
発行所　株式会社 ポプラ社
〒160-8565 東京都新宿区大京町22-1
電話 03-3357-2212(営業)03-3357-2305（編集）
振替00140-3-149271
一般書事業局ホームページ www.webasta.jp
ブックデザイン　bookwall
印刷・製本　中央精版印刷株式会社

N.D.C.783/159P/19cm ISBN978-4-591-15789-3